Gabriella Caiazza

Sprachfallen
Italienisch

Max Hueber Verlag

Dieses Werk folgt der seit dem 1. August 1998 gültigen
Rechtschreibreform.

| € 3. 2. | Die letzten Ziffern |
| 2006 05 04 03 02 | bezeichnen Zahl und Jahr des Druckes. |

Alle Drucke dieser Auflage können, da unverändert,
nebeneinander benutzt werden.

1. Auflage 1999
© 1999 Max Hueber Verlag, D-85737 Ismaning
Verlagsredaktion: Piero Salabè, München
Umschlaggestaltung: Holger Latzel, München; Parzhuber u. Partner, München
Zeichnungen: Katja Lechthaler, München
DTP: Satz + Layout Fruth GmbH, München
Gesamtherstellung: Ludwig Auer, Donauwörth
Printed in Germany
ISBN 3-19-006378-8

Inhaltsverzeichnis

Seite

Vorwort 4

Verzeichnis der Abkürzungen 5

Alphabetisches Wörterverzeichnis Deutsch – Italienisch 6

Abschlusstests 242

Lösungen der Abschlusstests 250

Register der italienischen Wörter 252

Vorwort

Ob man ihm eine Rakete zum Tennisspielen leihen könnte, fragte neulich ein italienischer Bekannter. Er wollte nämlich zusammen mit Kollaborateuren aus seinem Büro an einem Tennis-Konkurs teilnehmen. Was in deutschen Ohren komisch, ja fast absurd klingt, hat dennoch eine Begründung: Der Bekannte versuchte es mit der naheliegendsten Übersetzung ins Deutsche und benutzte dabei Wörter, die den italienischen Ursprungsbegriffen am ähnlichsten sind, also „Rakete" für *racchetta* (= Tennisschläger), „Kollaborateur" für *collaboratore* (= Mitarbeiter) und „Konkurs" für *concorso* (= Wettbewerb). Kann man ihm diese Fehler übel nehmen? Schließlich ist jeder schon einmal in eine solche „Sprachfalle" getappt: Wie leicht ist es, aus einem luxuriösen Leben (= *vita lussuosa*) ein wollüstiges zu machen (= *vita lussuriosa*)!

Fallen wie diese werden von den sogenannten „Falschen Freunden" gelegt, d. h. Wörter aus zwei Sprachen, die sich in der Schreibweise und im Klang ähneln, die aber zum Teil vollkommen unterschiedliche Bedeutungen haben. Für die Entstehung der „Falschen Freunde" ist meistens die lateinische Sprache verantwortlich, die einen Einfluss auf die wichtigsten europäischen Sprachen ausgeübt hat. Viele Wörter wurden als „Echte Freunde" in den jeweiligen Wortschatz übernommen, d. h. nicht nur Klang und Schreibweise ähneln sich, sondern auch die Bedeutungen decken sich (*informativ/informativo*, *legitim/legittimo*). Die „Falschen Freunde" dagegen sind unterschiedliche Wege vom Lateinischen ins Deutsche oder ins Italienische gegangen, so dass es zu einer semantischen Verschiebung kam, wie beispielsweise in den Paaren *famos/famoso* und *fidel/fedele*. Häufig hat der deutsche Begriff eine eingeschränkte oder sehr spezifische Bedeutung, der italienische dagegen ein breiteres Verwendungsspektrum, so beispielsweise im Fall von *arrivieren/arrivare*. Solche partiellen „Falschen Freunde" wurden auch aufgenommen und mit [kein FF] markiert. Zuletzt: Es wurden auch Wortpaare berücksichtigt, die keine gemeinsame Herkunft haben, sondern wegen ihrer Gleichartigkeit zu Verwechslungen führen können (*kalt/caldo*).

Rund 350 der wichtigsten „Falschen Freunde" im Deutschen und im Italienischen sind in dieser Sammlung gegenübergestellt und mit Beispielsätzen, Übersetzungen und Informationen erläutert. Die Beispiele wurden nach Möglichkeit idiomatisch übersetzt. Bei Wörtern mit zahlreichen Bedeutungen wurden nur die wichtigsten aufgeführt; die Nummerierung entspricht dabei, wie in traditionellen Wörterbüchern, dem Häufigkeitsgrad der Bedeutungen. Dieses Buch soll Sie zum Nachschlagen und Lernen, aber vor allem auch zum Schmökern anregen – damit Sie die Fallen der „Falschen Freunde" erkennen, ohne erst hineinzutappen. Ob Ihnen das gelingt, können Sie am Ende des Buches in 4 knappen Abschlusstests selbst überprüfen.

Mein Dank geht an alle, die mir bei der Entstehung dieses Buches geholfen haben, insbesondere an meinen Mann Nikolaus Schwarz, der das Manuskript kritisch durchgelesen hat und mich bei der Suche nach treffenden Beispielen unterstützte.

München, im Januar 1999   Gabriella Caiazza

Verzeichnis der Abkürzungen
Indice delle abbreviazioni

Adj.	Adjektiv	*aggettivo*
Adv.	Adverb	*avverbio*
allg.	allgemein	*generalmente*
Bot.	Botanik	*botanica*
f.	feminin	*femminile*
FF	falsche Freunde	*falsi amici*
FF	mit **FF** gekennzeichnete	*parole contrassegnate*
	Wörter haben einen Eintrag	*con **FF** sono riportate*
	in diesem Buch	*in questo libro*
fig.	figürlich	*in senso figurato*
Gastr.	Gastronomie	*gastronomia*
Geogr.	Geographie	*geografia*
Geol.	Geologie	*geologia*
Gram.	Grammatik	*grammatica*
hist.	historisch	*attinente alla storia*
jur.	juristisch	*giuridico*
Ling.	Linguistik	*linguistica*
Lit.	Literatur / literarisch	*letteratura / letterario*
reg.	regional	*regionale*
m.	maskulin	*maschile*
Math.	Mathematik	*matematica*
Med.	Medizin	*medicina*
Mil.	Militär	*linguaggio militare*
Mus.	Musik	*musica*
n.	Neutrum	*neutro*
Phil.	Philosophie	*filosofia*
Phys.	Physik	*fisica*
Psych.	Psychologie	*psicologia*
Pl.	Plural	*plurale*
Pol.	Politik	*politica*
P.P.	Partizip Perfekt	*participio passato*
Präp.	Präposition	*preposizione*
Rel.	Religion	*religione*
Soz.	Soziologie	*sociologia*
Techn.	Technik	*tecnica*
ugs.	umgangssprachlich	*colloquiale*
vulg.	vulgär	*volgare*
V. intr.	intransitives Verb	*verbo intransitivo*
V. refl.	reflexives Verb	*verbo riflessivo*
V. tr.	transitives Verb	*verbo transitivo*
Wirt.	Wirtschaft	*economia*
zeitl.	zeitlich	*temporale*
Zool.	Zoologie	*zoologia*

Abort m.
1. (Ort zur Verrichtung der Notdurft) *gabinetto; toilette; ritirata; wc*

Da es im Dorf keinen öffentlichen Abort gab, musste er seine Notdurft im Freien verrichten.	*Dato che nel paese non c'erano gabinetti pubblici dovette sbrigare i suoi bisogni all'aperto.*

2. (Schwangerschaftsabbruch, Fehlgeburt) *aborto* [kein FF]

absolvieren V. tr.
Als Synonym von „durchlaufen", „erfolgreich beenden", „abschließen" gibt es je nach Kontext verschiedene Übersetzungen:
1. *fare*

den Militärdienst absolvieren	*fare il servizio militare*

2. *terminare; portare a termine*

das Studium absolvieren Sandro Pertini, Präsident der Italienischen Republik von 1978 bis 1985, wurde 1896 in Stella (Savona) geboren, absolvierte ein Studium der Rechtswissenschaft und der Politischen Wissenschaften und trat nach der Teilnahme am Ersten Weltkrieg dem PSI (Sozialistische Partei Italiens) bei.	*studiare; terminare gli studi* *Sandro Pertini, presidente della Repubblica Italiana dal 1978 al 1985, naque nel 1896 a Stella (Savona), studiò legge e scienze politiche e dopo aver partecipato alla prima guerra mondiale entrò a far parte del PSI (Partito Socialista Italiano).*

3. *superare*

eine Prüfung absolvieren	*superare un esame*

4. *adempiere*

das Pensum absolvieren	*adempiere al compito assegnato*

aborto m.

1. *Schwangerschaftsabbruch; Abtreibung; Abort* [kein FF]

La legge 194 che regola l'aborto è stata approvata nel 1978.	*Das Gesetz 194, das den Schwangerschaftsabbruch regelt, wurde 1978 verabschiedet.*

2. *Fehlgeburt* [kein FF]

Dopo il terzo aborto decisero di adottare un bambino.	*Nach der dritten Fehlgeburt entschieden sie, ein Kind zu adoptieren.*

assolvere V. tr.

1. (jur.) *freisprechen*

L'imputato fu assolto per mancanza di prove.	*Der Angeklagte wurde mangels Beweisen freigesprochen.*

2. (Rel.) *lossprechen*

assolvere i peccati	*von den Sünden lossprechen*

3. *erfüllen*

assolvere un compito / il proprio dovere	*eine Aufgabe / seine Pflicht erfüllen*
Chi volesse assolvere anticipatamente agli obblighi di leva, deve farne richiesta al Distretto Militare.	*Wer seine Wehrpflicht vorzeitig erfüllen möchte, soll dies beim Wehrbezirk beantragen.*

4. *entbinden; befreien*

assolvere da un voto	*von einem Gelübde entbinden*

Affäre f.
1. *faccenda losca*
2. *affaire; affare* [kein FF]

Gegenstand seiner Reportage ist das als „Whitewater-Affäre" bekannte Immobiliengeschäft.	*Oggetto del suo reportage è la compravendita immobiliare nota come l'affare Whitewater.*

3. *relazione (amorosa)*

Er hatte eine Affäre mit seiner Sekretärin gehabt, und seine Frau hatte es erfahren.	*Aveva avuto una relazione con la sua segretaria e sua moglie era venuta a saperlo.*

4. *questione di principio*

Er macht aus allem eine Affäre.	*Fa di ogni cosa una questione di principio.*

Affekt m.
stato di eccitazione

Er hatte im Affekt getötet, eine Tatsache, die für seinen Anwalt als Milderungsumstand gelten musste.	*Egli aveva commesso un delitto passionale, fatto che per il suo avvocato doveva valere come attenuante.*

im Affekt handeln

affetto

affare m.
1. *Angelegenheit; Sache*

Il finanziamento di questo progetto è affare mio. Tu occupati dell'organizzazione.	*Die Finanzierung dieses Projekts ist meine Sache. Kümmere du dich um die Organisation.*

2. *Geschäft*

Hai fatto veramente un ottimo affare.	*Du hast ein wirklich gutes Geschäft gemacht.*
Quella ditta ha un volume d'affari da mille miliardi.	*Diese Firma*[FF] *macht tausend Milliarden Umsatz.*

3. *Prozess; Sache*

affare contenzioso	*Streitsache*

4. *Affäre* [kein FF]

Ma chi dice la verità nell'affare Andreotti?	*Wer sagt die Wahrheit in der Andreotti-Affäre?*

5. *Ding; Zeug*

Ma che cos'è quest'affare?	*Was ist das für ein Ding?*

affetto m. / Adj.
1. Als Substantiv: *Liebe; Zuneigung*

Ti saluto con affetto.	*Ich grüße dich herzlich.*

2. Als Substantiv: (Lit.) *Gefühl*

Conduce una vita triste, senza amici e del tutto priva di affetti.	*Er lebt ein trauriges Leben, ohne Freunde und ganz ohne Gefühle.*

3. Als Adjektiv: *leidend an*

I giornalisti rimasero di stucco quando seppero che il giocatore della nazionale svedese Peer Hansen era affetto da anemia mediterranea.	*Die Journalisten waren verblüfft, als sie erfuhren, dass der schwedische Nationalspieler Peer Hansen an Mittelmeeranämie litt.*

agitieren V. intr.
fare propaganda; fare opera di agitazione politica

Nach der Machtübernahme Mussolinis flüchteten viele Sozialisten und Kommunisten nach Frankreich und agitierten weiter von dort aus.	*Dopo la presa*^FF *di potere da parte di Mussolini molti socialisti e comunisti fuggirono in Francia e continuarono da lì la loro opera di agitazione politica.*

agitieren

agitare

Akademiker m.
laureato

Handwerker finden oft leichter Arbeit als Akademiker.	*Gli artigiani spesso trovano lavoro più facilmente dei laureati.*

agitare V. tr. / V. refl.
1. V. tr. *schütteln; winken; schwenken; wedeln*

Agitare prima dell'uso.	*Vor dem Gebrauch schütteln.*
Quando il cane riconobbe il suo padrone incominciò ad agitare la coda e ad abbaiare dalla contentezza.	*Als der Hund seinen Herrn erkannte, fing er vor Freude an, mit dem Schwanz zu wedeln und zu bellen.*

2. V. tr. *erregen; in Aufruhr versetzen*

La notizia[FF] del suo arrivo agitò l'intera famiglia.	*Die Nachricht seiner Ankunft versetzte die ganze Familie in Aufruhr.*

3. V. tr. *aufwiegeln*
4. V. refl. *sich heftig bewegen; sich wälzen*

Si agitò nel letto tutta la notte senza riuscire a prendere sonno.	*Er wälzte sich die ganze Nacht im Bett, ohne schlafen zu können.*

5. V. refl. *sich aufregen; sich beunruhigen*
6. V. refl. (Pol.) *sich erheben*

Finalmente le masse operaie si agitarono.	*Endlich erhoben sich die Arbeitermassen.*

accademico m. / Adj.
1. Als Substantiv (Philosophie): *Anhänger der platonischen Lehre*
2. Als Substantiv (Mitglied einer Akademie): *Akademiemitglied*

Galileo Galilei fu accademico dei Lincei, l'accademia romana fondata nel 1603 che divenne un centro delle nuove scienze.	*Galileo Galilei war Mitglied der „Accademia dei Lincei", der 1603 gegründeten römischen Akademie, die ein Zentrum der neuen Wissenschaften wurde.*

3. Adj. *akademisch* [kein FF]

Akkord m.
1. (Vereinbarung, Vergleich) (jur.) *intesa; accordo* [kein FF]
2. (Wirt.) *cottimo*

Akkordarbeit wird von vielen als eine Form der Ausbeutung angesehen.	*Molti ritengono che lavorare a cottimo sia una forma di sfruttamento.*

3. (Mus.) *accordo* [kein FF]

Er schlug ein paar Akkorde auf dem Klavier an.	*Intonò un paio di accordi al pianoforte*

Akkordarbeit

fare un accordo

akkreditieren V. tr.
(Pol., jur., Wirt) *accreditare* [kein FF]

einen Botschafter akkreditieren Der Betrag wurde Ihnen am 15. September akkreditiert.	*accreditare un ambasciatore L'importo Le è stato accreditato il 15 settembre.*

accordo m.
1. *Einigkeit; Eintracht*

Andavano d'amore e d'accordo.	*Sie waren ein Herz und eine Seele.*

2. *Einverständnis;* (selten) *Akkord* [kein FF]

Abbiamo preso questa decisione di comune accordo.	*Wir haben diese Entscheidung in vollem Einverständnis getroffen.*

3. *Übereinstimmung; Einigung*

Le parti non sono venute ad un accordo.	*Die Parteien sind zu keiner Einigung gekommen.*

4. *Abkommen; Vertrag; Vereinbarung*

L'Accordo Gruber-De Gasperi fu stipulato il 5.9.1946 tra il presidente del consiglio italiano Alcide De Gasperi e il ministro degli esteri austriaco Karl Gruber.	*Das Gruber-De Gasperi-Abkommen wurde am 5.9.1946 zwischen dem italienischen Ministerpräsident Alcide De Gasperi und dem österreichischen Außenminister Karl Gruber geschlossen.*

5. *Einklang; Abstimmung*
6. (Gram.) *Übereinstimmung*
7. (Mus.) *Akkord* [kein FF]

accreditare V. tr.
1. *glaubhaft machen; bestätigen*

La notizia[FF] è stata accreditata da un esponente del governo.	*Die Nachricht wurde von einem Regierungsvertreter bestätigt.*

2. (Pol., jur., Wirt) *akkreditieren* [kein FF]

Akt m.

1. *atto* [kein FF]; *azione*

Sein Akt der Höflichkeit wurde als Zeichen von Unterwürfigkeit gedeutet.	*Il suo atto di cortesia fu interpretato come segno di servilismo.*

2. (Theater) *atto* [kein FF]

Alle Dramen Shakespeares bestehen aus fünf Akten.	*Tutti i drammi di Shakespeare constano di cinque atti.*

3. *numero; esercizio*

ein akrobatischer Akt	*un numero acrobatico*

4. (Darstellung des nackten Körpers) *nudo*

Egon Schiele stellte in seinen Bildern mit Vorliebe hässliche und morbide[FF] Akte dar.	*Egon Schiele amava rappresentare nei suoi quadri nudi brutti[FF] e malaticci.*

5. *atto* [kein FF]; *documento*

Aktion f.

1. *azione* [kein FF]

Raffaella Carrà ist ständig in Aktion.	*Raffaella Carrà è sempre in azione.*

2. *campagna; iniziativa; azione* [kein FF]

Eine Aktion der Stadt München	*Un'iniziativa della città di Monaco di Baviera.*

atto m.
1. *Handlung; Tat*

Ha ricevuto una medaglia per il suo atto di coraggio[FF].	*Für seine mutige Tat bekam er eine Medaille.*

2. *Zeichen; Geste*

Quell'atto di impazienza mi irritò[FF] moltissimo.	*Dieses Zeichen von Ungeduld irritierte[FF] mich sehr.*

3. *Haltung*

Stava lì, davanti a me, in atto di preghiera.	*Er blieb da, vor mir, in bittender Haltung.*

4. *Akt* [kein FF]; *Bekenntnis*

atto di fede	*Glaubensbekenntnis*

5. *Urkunde; Schein; Schrift*

atto di matrimonio atto di accusa	*Heiratsurkunde Anklageschrift*

6. Im Plural „atti": *Akten* [kein FF]

gli atti del processo	*Prozessakten*

azione f.
1. *Tat; Tätigkeit; Aktion* [kein FF]
2. *Wirkung; Effekt*
3. *Unternehmung; Aktion* [kein FF]

È un'azione del Ministero della Pubblica Istruzione.	*Es ist eine Aktion des Kultusministeriums.*

4. (Lit.) *Handlung*

L'azione si svolge nella Berlino degli anni venti.	*Die Handlung findet im Berlin der 20er Jahre statt.*

5. (jur.) *Klage; Verfahren*

Berlusconi ha intentato un'azione contro numerosi giornalisti.	*Berlusconi hat Klage gegen mehrere Journalisten erhoben.*

6. (Mil.) *Gefecht; Kampfhandlung; Angriff*

akut Adj.
1. *scottante; grave; serio*

Das Problem der Arbeitslosigkeit wird jetzt akut.	*Il problema della disoccupazione diventa ora serio.*

2. (im Bezug auf Schmerz) *acuto* [kein FF]

Er hatte seine Abwesenheit mit akuten Kopfschmerzen begründet.	*Aveva giustificato la sua assenza con un acuto malditesta.*

Album n.
1. *album; albo* [kein FF]

Er nahm alle Bilder seiner ersten Frau aus dem Fotoalbum heraus, bevor er es seiner neuen Freundin zeigte.	*Tolse tutte le foto della sua prima moglie dall' album prima di mostrarlo alla sua nuova fidanzata.*

2. (Plattenalbum) *album; albo* [kein FF] (im Italienischen kann man damit auch eine einzige LP bezeichnen)

Alimente Pl.
(Unterhaltsbeitrag, bes. für uneheliche Kinder) (jur.) *alimenti* [kein FF]

Im Prozess ging es vor allem um die Alimente für die drei Kinder.	*Nel processo si trattava di decidere soprattutto sugli alimenti per i tre figli.*

acuto Adj.
1. *spitz; scharf*

| un spigolo acuto | *eine scharfe Kante* |

2. *scharf; scharfsinnig*

| Disponeva[FF] di un acuto intelletto e di una buona dose di sfacciataggine. | *Er verfügte über einen scharfen Verstand und eine gute Portion Frechheit.* |

3. *heftig;* (Schmerz) *stechend, akut* [kein FF]; (Geruch) *stechend;* (Ton) *schrill;* (Kälte) *beissend;* (Lust) *brennend*
4. (Med., Gram.) *akut* [kein FF]

| accento acuto | *Akut* |

5. (Mus.) *hoher Ton*

albo m.
1. *Anschlagbrett; Schwarzes Brett*

| albo comunale | *das Schwarze Brett der Gemeinde* |

2. *öffentliches Register; Liste*

| albo dei medici | *Ärzteregister* |

3. *Buch*

| Il suo nome compare nell'albo d'onore della Casa Bianca. | *Sein Name erscheint im Ehrenbuch des Weißen Hauses.* |

4. *Album* [kein FF]; *Platte*

| L'ultimo album di Lucio Dalla ha avuto un successo strepitoso. | *Die letzte Platte von Lucio Dalla hat einen durchschlagenden Erfolg gehabt.* |

alimento m.
1. *Ernährung; Nahrung*

| Il latte è un alimento sano, ricco di vitamine e proteine. | *Die Milch ist ein gesundes, vitamin- und proteinreiches Nahrungsmittel.* |

2. Pl. «alimenti»: *Alimente* [kein FF]; *Unterhalt*

| obbligo di corrispondere gli alimenti | *Unterhaltspflicht* |

alt Adj. / m.
1. Adj. *vecchio*
2. Adj. (bei Personen) *anziano*

Er war alt, und mit fortschreitendem Alter nahm seine Körpergröße immer mehr ab: Vor zehn Jahren war er 5 cm größer.	*Era anziano e col passar degli anni la sua statura diminuiva: dieci anni fa era più alto di 5 cm.*

3. Als Substantiv (die tiefe Stimmlage bei Frauen und Knaben): *contralto*

Er schrieb ein Lied für Alt.	*Scrisse una canzone per contralto.*

alt   *alto*

Amateur m.
dilettante; amatore [kein FF]

Dies ist ein Amateurradrennen.	*Questa è una gara ciclistica per dilettanti.*

alt Adv. / m.
1. Als Adverb (Ausruf): *Halt!*
2. Als Substantiv: *Halt*

La polizia gli intimò l'alt.	*Die Polizei befahl ihm zu halten.*

alto Adj. / m.
1. Adj. *hoch; groß*

Era una bella ragazza alta e snella. Portava un tailleur grigio e tacchi alti e sembrava molto sicura di sé.	*Sie war ein schönes, großes und schlankes Mädchen. Sie trug ein graues Kostüm*[FF] *und Schuhe mit hohen Absätzen und schien selbstsicher zu sein.*

2. Adj. *tief*

acqua alta	*Hochwasser*

3. Adj. *breit*

Vanno di moda le cinture alte.	*Breite Gürtel sind im Trend.*

4. Adj. *laut*

Non parlare a voce alta.	*Sprich nicht so laut.*

5. Als Substantiv: *Höhe; Oben*

Gli alti e i bassi della vita[FF].	*Die Höhen und Tiefen des Lebens.*

amatore m.
1. *Liebhaber*

È un grande amatore di Verdi.	*Er ist ein großer Verdi-Liebhaber.*

2. *Amateur* [kein FF]

ambulant Adj. / Adv.
1. *ambulante* [kein FF]
2. (Untersuchung oder Pflege, die nicht im Krankenhaus stattfindet) *ambulatoriale; (in) ambulatorio*

Malaria ist eine Krankheit, die nicht ambulant behandelt werden kann.	*La malaria è una malattia che non può essere trattata in ambulatorio.*

Ambulanz f.
1. (leicht bewegliches Feldlazarett) *ambulanza* [kein FF]; *ospedale da campo*
2. (Station im Krankenhaus für ambulante Behandlung) *infermeria*
3. (Krankenwagen) *(in) ambulanza* [kein FF]

annoncieren V. intr. / V. tr.
mettere un annuncio/un' inserzione sul giornale

Herr Seitz hatte schon dreimal erfolglos in der Freitagsausgabe der „Süddeutschen Zeitung" annonciert, um seine 2-Zimmer-wohnung zu vermieten: Wahrscheinlich war der angebotene Preis immer noch zu hoch.	*Il signor Seitz aveva messo già tre annunci nell' edizione di venerdì della «Süddeutschen Zeitung» per affittare il suo appartamento[FF] di due stanze, ma senza ottenere successo. Probabilmente il prezzo era ancora troppo alto.*

ambulante Adj.
fahrend; wandernd; ambulant [kein FF]

Ogni volta che in paese arrivavano^{FF} i suonatori ambulanti mio padre mi chiudeva in casa dicendo «Non voglio che ti rovinino l'orecchio».	*Jedes Mal wenn die Straßenmusikanten ins Dorf kamen, sperrte mich mein Vater ein und sagte: „Ich möchte nicht, dass sie dein musikalisches Gehör verderben".*
Incominciò la sua carriera facendo il venditore ambulante.	*Er fing seine Karriere als Straßenhändler an.*

ambulanza f.
1. *Krankenwagen*

Dopo l'incidente è stato portato in ospedale con l'ambulanza.	*Nach dem Unfall ist er mit einem Krankenwagen ins Krankenhaus gebracht worden.*

2. *Feldlazarett; Ambulanz* [kein FF]

annunciare V. tr.
1. *bekannt geben*

Maria e Adriano hanno annunciato il loro fidanzamento.	*Maria und Adriano haben ihre Verlobung bekannt gegeben.*

2. *voraussagen*

L'arcangelo Gabriele annunciò a Maria la nascita di Cristo.	*Der Erzengel Gabriel sagte Maria die Geburt Christi voraus.*

3. *ankündigen*

Le nuvole annunciano pioggia.	*Die Wolken kündigen Regen an.*

4. *(an)melden*

Chi devo annunciare?	*Wen darf ich melden?*

Apparat m.
1. (Gerät, Vorrichtung) (Techn.) *apparecchio; apparecchiatura*
2. (Fotoapparat) *macchina[FF] fotografica*
3. (Telephonapparat) *telefono; apparecchio telefonico* (ist aber meistens mit „*linea*" zu übersetzen)

Sie werden am Apparat gewünscht.	*La desiderano al telefono.*
Bleiben Sie bitte am Apparat.	*Resti in linea, per favore.*
Herr Schwarz spricht gerade am anderen Apparat.	*Il signor Schwarz sta parlando sull' altra linea.*
Wer ist am Apparat?	*Chi parla?*

4. Im Sinne von Gesamtheit aller für eine Tätigkeit, Arbeit oder Funktion nötigen Hilfsmittel, Personen oder Organe: *apparato* [kein FF]; *sistema*

Der Verwaltungsapparat verschlingt eine Menge Geld.	*L'apparato amministrativo inghiotte un sacco[FF] di soldi.*

5. Im philologischem Sinne: *Apparat* [kein FF]

Es handelt sich um eine Textaus-gabe mit kritischem Apparat.	*Si tratta di un' edizione con apparato critico.*

Appartement n.
(Kleinstwohnung aus einem Zimmer, Bad und Küche bzw. Kochnische) *miniappartamento*

Argument n.
1. (stichhaltige Entgegnung, Beweis, Beweisgrund) *argomento* [kein FF]; *argomentazione*

Der Kunde ließ sich nicht von den Argumenten des Verkäufers überzeugen.	*Il cliente non si fece convincere dagli argomenti del venditore.*

2. (Math.) *argomento* [kein FF]

apparato m.
1. Im Sinne von Gesamtheit aller für eine Tätigkeit, Arbeit oder Funktion
   nötigen Hilfsmittel, Personen oder Organe: *Apparat* [kein FF]

Chi ha problemi con l'apparato digerente deve rivolgersi a un gastroenterologo.	*Wer Probleme mit dem Verdauungsapparat hat, muss sich an einen Gastroenterologen wenden.*

2. *Aufmachung; Aufwand*

La festa fu organizzata con grande apparato.	*Das Fest wurde mit großem Aufwand organisiert.*

3. (Mil.) *Aufwand; Aufgebot*

un grande apparato di forze	*ein großes militärisches Aufgebot*

4. (Philologie) *Apparat* [kein FF]

appartamento m.
Wohnung

Abitava con sua madre in un appartamento di due stanze.	*Er wohnte mit seiner Mutter in einer 2-Zimmer-Wohnung.*

argomento m.
1. *Thema*

L'argomento del nostro seminario è la poesia del Carducci.	*Das Thema unseres Seminars ist Carduccis Dichtung.*

2. *Anlass; Vorwand*

Non dargli argomento di chiacchiere.	*Gib ihnen keinen Anlass zum Tratschen.*

3. (Entgegnung, Beweis, Beweisgrund) *argomento* [kein FF]
4. (Math.) *argomento* [kein FF]

Arie f.
(Kunstvolles Sologesangsstück mit Instrumentalbegleitung) *aria* [kein FF]

Ihre Lieblingsarie war „Vissi d'arte" aus Giacomo Puccinis Oper „Tosca".	*La sua aria preferita era «Vissi d'arte» dall' opera «Tosca» di Giacomo Puccini.*

Armatur f.
1. (Techn.) *attrezzatura*
2. (Techn.) *quadro di comando*

Armaturenbrett	*cruscotto d' automobile*

3. Im Plural „Armaturen": *rubinetteria*

Armaturen | *armature*

arrangieren V. tr. / V. refl
1. V. tr. *preparare; organizzare; combinare*
2. V. tr. *disporre*[FF]*; sistemare*
3. V. tr. (Mus.) *arrangiare* [kein FF]

Heute ist es üblich, alte[FF] Musikstücke zu arrangieren und sie als neu wieder auf den Markt zu bringen.	*Oggi è sempre più in uso arrangiare vecchi brani musicali e rimetterli sul mercato come nuovi.*

4. V. refl. „sich arrangieren": *mettersi d' accordo; arrangiarsi* [kein FF]

aria f.
1. *Luft; Wind*

| Non c'è un filo d'aria! | *Es regt sich kein Lüftchen!* |

2. *Miene; Aussehen*
3. (Mus.) *Arie* [kein FF]; *Melodie*

| Canticchiava un'aria popolare. | *Er trällerte eine populäre Melodie.* |

4. *Atmosphäre; Stimmung*

| Che aria tira oggi in ufficio? | *Wie ist die Stimmung heute im Büro?* |

armatura f.
1. *Rüstung*

| Si spaventò molto quando vide la sagoma di un uomo in fondo alla grande sala del castello: ma era solo l'armatura di un cavaliere. | *Er erschrak sehr, als er die Kontur eines Menschen am Ende des Großen Saals im Schloss erblickte: Es war aber nur eine Ritterrüstung.* |

2. (Bau) *Armierung; Gerüst*

| ferri d'armatura | *Armierungseisen* |

3. (Textilien) *Bindung*

arrangiare V. tr. / V. refl.
1. V. tr. *reparieren; herrichten*

| Per il matrimonio aveva arrangiato un vecchio vestitino di sua madre. | *Für die Hochzeit hatte sie ein altes[FF] Kleid ihrer Mutter hergerichtet.* |

2. V. tr. (ugs.) *zurechtmachen; (vor)bereiten*
3. V. tr. (ugs.) *übel zurichten*

| Lo hanno arrangiato male. | *Sie haben ihn übel zugerichtet.* |

4. V. tr. (Mus.) *arrangieren* [kein FF]
5. V. refl. «arrangiarsi»: *sich einigen; sich arrangieren* [kein FF]

| Tra amici ci si arrangia. | *Unter Freunden einigt man sich.* |

6. V. refl. *sich zu helfen wissen; zurechtkommen*

arrivieren V. intr
(Erfolg haben, gesellschaftlich aufsteigen) *arrivare* [kein FF]; *avere successo*

Sie würde über Leichen gehen, um beruflich zu arrivieren.	*Farebbe patti col diavolo pur di arrivare nella sua professione.*
ein arrivierter Komponist/Maler	*un compositore/un pittore di successo*

Artist m.
acrobata; equilibrista; funambolo

Artist

artista

Aspekt m.
1. (Gesichtspunkt) *aspetto* [kein FF]; *punto di vista*

Der soziale Aspekt des Sports darf nicht vergessen werden.	*Non si deve dimenticare l'aspetto sociale dello sport.*

2. (Ling.) *aspetto* [kein FF]

imperfektiver / perfektiver Aspekt	*aspetto imperfettivo / perfettivo*

arrivare V. intr.
1. *ankommen; kommen*

Quando siete arrivati?	*Wann seid ihr angekommen?*

2. *gehen; fahren*
3. *bekommen; erhalten*

Mi è arrivata una lettera di John.	*Ich habe Johns Brief erhalten.*

4. *reichen; erreichen; ankommen*

La proprietà arriva fino al fiume.	*Der Besitz reicht bis zum Fluss.*

5. *arrivieren* [kein FF]; *weiterkommen*

artista m. / f.
1. *Künstler*

Il Rinascimento italiano produsse una memorabile generazione di artisti: Michelangelo, Raffaello e Tiziano sono forse i nomi più celebri.	*Die italienische Renaissance brachte eine einmalige Künstlergeneration hervor: Michelangelo, Raffael und Tizian sind wohl die bekanntesten Namen.*

2. *Könner; Meister*

In cucina Luigi è un artista.	*In der Küche ist Luigi ein Meister.*

aspetto m.
1. (Personen) *Aussehen;* (Dinge) *Anblick*

Il principe Salina era un uomo di bell'aspetto.	*Der Prinz Salina war ein gut aussehender Mann.*

2. *Aspekt* [kein FF]; *Sichtweise*
3. (Ling.) *Aspekt* [kein FF]
4. (vom Verb „aspettare") *Warte-; Pause*

sala d'aspetto	*Wartesaal*
battuta d'aspetto	*Taktpause*

assistieren V. tr.
aiutare; assistere [kein FF]; *fare l'assistente*

Professor Holtzbrinck bestand darauf, dass ihm mindestens sechs Ärzte auch bei den geringfügigsten Operationen assistierten.	*Il professor Holtzbrinck esigeva che anche nelle operazioni meno importanti gli facessero da assistenti come minimo altri sei medici.*

Asyl m.
1 *asilo* (im Sinne von „ospizio") [kein FF]

Obdachlosenasyl	*asilo per i senzatetto*

2. Im politischen, juristischen und historischen Sinne: *asilo (politico)*

Eine Familie, deren Angehörige in verschiedenen europäischen Ländern Asyl beantragt haben, hat keinen Anspruch darauf, während der Dauer des Verfahrens zusammenzuleben. So hat das Bundesverfassungsgericht entschieden.	*Una famiglia, i cui membri abbiano fatto richiesta di asilo politico in paesi diversi, non ha diritto a vivere unita durante il periodo di procedura. È quanto ha deciso la Corte Costituzionale della Repubblica Federale Tedesca.*

assistere V. intr. / V. tr.

1. V. intr. *teilnehmen*

Tutti i direttori di banca^FF hanno assistito alla conferenza sull'Euro.	*Alle Bankdirektoren haben an der Konferenz über den Euro teilgenommen.*

2. V. intr. *anwesend sein; beiwohnen*
3. V. tr. *assistieren* [kein FF]; *helfen; Hilfe leisten; beistehen*

Che Dio t'assista!	*Gott stehe dir bei!*

4. V. tr. *pflegen; betreuen*

Madre Teresa di Calcutta ha assistito i malati e i moribondi fino alla fine dei suoi giorni.	*Mutter Teresa von Kalkutta hat die Kranken und Sterbenden bis zu ihrem Lebensende gepflegt.*

5. V. tr. (Med., jur.) *betreuen; vertreten; Beistand leisten*

asilo m.

1. *Asyl* [kein FF]; *Heim*
2. *Refugium; Zuflucht*

Si salvarono dal campo di concentramento grazie ai contadini polacchi che gli diedero asilo per la notte.	*Sie retteten sich vor dem Konzentrationslager dank der polnischen Bauern, die ihnen in der Nacht Zuflucht gewährten.*

3. (Pol., jur., hist.) *Asyl* [kein FF]

Lo stato concederà asilo solo a coloro che potranno dimostrare^FF di essere perseguitati in patria per ragioni politiche.	*Der Staat wird nur denjenigen Asyl gewähren, die beweisen können, dass sie in ihrer Heimat aus politischen Gründen verfolgt werden.*

4. *Kindergarten*

Avevamo una governante, nessuno di noi è andato all'asilo.	*Wir hatten ein Kindermädchen, keiner von uns war im Kindergarten.*

avancieren V. intr.
avanzare a [kein FF]

Weitsprung-Olympiasiegerin Heike Drechsler kann zur ersten Athletin des Kontinents avancieren, die bei der Europameisterschaft in der gleichen Disziplin viermal in Serie Gold gewann.	*La campionessa olimpionica di salto in lungo Heike Drechsler può avanzare a prima atleta del continente che ha vinto per quattro volte di fila una medaglia d'oro ai campionati europei nella stessa disciplina.*

avisieren V. tr.
informare; mettere al corrente; avvisare [kein FF]

Hast du schon deine Ankunft im Hotel avisiert?	*Hai già informato l'albergo del tuo arrivo?*

avanzare V. intr. / V. tr.
1. V. intr. *vorausgehen; sich fortbewegen*
2. V. intr. *vorwärts-, vorankommen; Fortschritte machen*

Era già avanzato di parecchio nei suoi studi[FF].	*Er war in seinen Forschungen schon ziemlich vorangekommen.*

3. Als V. tr. *vorrücken; überholen; übertreffen; avancieren* [kein FF]
4. Als V. tr. *befördern*

Napoleone lo avanzò al grado di capitano.	*Napoleon beförderte ihn zum Hauptmann.*

5. V. intr. *vorlegen; einreichen; unterbreiten; anführen*

Ha avanzato domanda di trasferimento.	*Er hat ein Versetzungsgesuch eingereicht.*

6. V. intr. *übrigbleiben; reichlich vorhanden sein*
7. V. tr. im Sinne von „*guthaben*":

Avanzi un favore da me.	*Du hast einen Gefallen gut bei mir.*

avvisare V. tr.
1. *benachrichtigen; informieren; avisieren* [kein FF]

Nessuno mi aveva avvisato della sua morte.	*Niemand hatte mich von seinem Tod benachrichtigt.*

2. *warnen vor; mahnen; raten*

Uomo avvisato mezzo salvato.	*Gewarnt ist halb gerettet.* (italienisches Sprichwort)

Ball m.
1. *palla; pallone*

Der Ball ist rund, wie die Fußball-Fans wohl wissen.	*La palla è rotonda, come ben sanno i tifosi[FF] di calcio.*

2. (beim Tennis) *punto*

Boris Becker hätte den letzten Ball machen können, wäre er nicht so nervös gewesen.	*Boris Becker avrebbe potuto fare l'ultimo punto, se non fosse stato così nervoso.*

3. (Tanzvergnügen) *ballo* [kein FF]

ein Maskenball	*un ballo in maschera*

Ball   ballo

Bande f.
1. (Horde) *banda* [kein FF]
2. (ugs. für „Schar") *banda* [kein FF]; *combriccola*
3. (Rand des Billardtisches) *sponda*

Der Ball[FF] stieß dreimal gegen die Bande und rollte schließlich ins Loch.	*La palla finì nella buca dopo aver toccato tre sponde.*

ballo m.

1. *(das) Tanzen*

Il ballo era la sua unica passione.	*Tanzen war seine einzige Leidenschaft.*

2. *Tanz*

Ballavano un antico ballo popolare simile ad un girotondo.	*Sie tanzten einen alten Volkstanz, der einem Ringelreihen ähnlich war.*

3. *Ball* [kein FF]; *Tanzfest*

Sei già stato al ballo dell'Opera a Vienna?	*Bist du schon beim Opernball in Wien gewesen?*

balla f.

1. *Ballen*

una balla di fieno	*ein Heuballen*

2. (ugs.) *Märchen; Schmarren; Mist*

raccontare balle Tutte balle!	*Märchen erzählen* *Unsinn!; Quatsch!*

3. Im Plural hat „balle" in manchen Regionen die Bedeutung (vulg.) von „*Eier*".

rompere le balle	*auf den Wecker gehen*

banda f.

1. *Gruppe; Trupp(e);* (Mil.) *Bande* [kein FF]

I fascisti si erano scontrati con una banda di partigiani ed avevano subito molte perdite.	*Die Faschisten waren mit einer Partisanengruppe zusammengestoßen und hatten große Verluste erlitten.*

2. *(Verbrecher-)Bande* [kein FF]
3. (Gesellschaft) *Clique; Bande* [kein FF]

Eravamo una banda di ragazzacci allegri e chiassosi.	*Wir waren eine Clique von fröhlichen und lärmenden Lausbuben.*

4. *(Musik)kapelle*

Lo accolsero con il tappeto rosso e la banda municipale.	*Sie empfingen ihn mit rotem Teppich und der Stadtkapelle.*

Bank f.

1. (Sitz) *panca; panchina; banco* [kein FF]

„Mani pulite", die 1992 gestartete Untersuchungsaktion[FF] der Mailänder und anderer Staatsanwaltschaften, hat zahlreiche Minister, Parlamentarier, Manager und Bankiers auf die Anklagebank gebracht.	*«Mani pulite», l'operazione investigativa della magistratura di Milano e di altre città iniziata nel 1992, ha portato sul banco degli imputati numerosi ministri, parlamentari, manager e banchieri.*

2. (Werktisch) *banco* [kein FF]

Drehbank	*tornio*
Hobelbank	*banco da falegname*

3. (Ansammlung) *banco* [kein FF]

Nebelbank	*banco di nebbia*

4. (Kreditinstitut) *banca* [kein FF]

Der Ursprung der Bank liegt im Münzwechselgeschäft des Mittelalters, als auf großen Messen[FF] die Wechselbank aufgeschlagen wurde.	*La banca ha la sua origine nelle operazioni di cambio delle monete nel medioevo, quando nelle grandi fiere veniva allestito un banco di cambio.*

5. (Sammelstelle z. B. für Blut- und Organkonserven) *banca* [kein FF]

Blutbank	*banca del sangue*

Bankrott m. / Adj. / Adv.

1. Als Substantiv (Zahlungsunfähigkeit): *fallimento*
2. Als Substantiv (übertr.): *fallimento; crollo; disastro; bancarotta* [kein FF]
3. Adj. (jur.) *fallito*
4. Adv. (ugs. für „pleite") *al verde; in rovina*

Das Spielen hat ihn bankrott gemacht.	*Il gioco lo ha mandato in rovina.*

5. Adj. (übertr.) *finito; distrutto; rovinato*

Bar f.

1. (Nachtlokal) *night; night-club*
2. (hoher Schanktisch) *banco*[FF]

banca f.

(Kreditinstitut) *Bank*
Die meisten Verwechslungen ergeben sich für Deutschsprachige, wenn sie
„Bank" grundsätzlich mit «banca» und nicht mit dem viel öfters vorkommen-
den «banco» übersetzen.

banco m.

1. *Sitzbank; Bank* [kein FF]

un compagno di banco	*Banknachbar*
Va a scuola solo per scaldare i banchi.	*Er geht in die Schule nur um die Schulbank zu drücken.*

2. *Ladentisch; Theke[FF]; Stand*

banco della frutta	*Obststand*

3. *Werkbank* [kein FF]
4. (Kreditinstitut) *Bank* [kein FF]
5. *(Spiel-)Bank* [kein FF]

far saltare il banco	*die Bank sprengen*

6. (Ansammlung) *Bank* [kein FF], aber:

banco di corallo	*Riff*
banco di pesci	*Schwarm*

bancarotta f.

1. *Bankrott*
   Im Italienischen bedeutet es nicht die Zahlungsunfähigkeit, sondern
   schließt ein die Gläubiger schädigendes Verhalten des Schuldners ein.

bancarotta semplice	*einfacher Bankrott*
bancarotta fraudolenta	*betrügerischer Bankrott*

2. *Bankrott* [kein FF]; *Schiffbruch*

bar m.

1. *Café; Straßencafé*
2. (in einem Hotel) *Bar* [kein FF]
3. (zu Hause) *Hausbar*

Base f.
1. (Cousine) *cugina*

| Ich vergesse immer wieder den Geburtstag meiner Base. | *Mi dimentico in continuazione del compleanno di mia cugina.* |

2. (Chemie) *base* [kein FF]

Basis f.
base [kein FF]

| Basisgrammatik | *grammatica di base* |

Berline f.
(vierrädige, viersitzige Reisekutsche) *carrozza di gala a quattro ruote e a più posti; berlina* [kein FF]

Berliner/in
1. *una persona di Berlino*
2. (Krapfen) *una bomba alla crema, marmellata* usw.

| Die Bäckerei hatte ein Spezialangebot: 5 Berliner von gestern für den Preis von einem. | *In pasticceria c'era un'offerta speciale: 5 bombe di ieri per il prezzo di una.* |

Bestie f.
1. (wildes Tier, großes Raubtier) *bestia feroce; fiera*
2. (Unmensch) *bestia* [kein FF]; *bruto*

Bestie

bestie

base f.
1. *Basis* [kein FF]; *Fundament; Grundlage*
2. *Sockel*
3. (Mil.) *Basis* [kein FF]; *Stützpunkt*

In Italia ci sono alcune basi aeree della NATO.	*In Italien befinden sich einige Nato-Luftstützpunke.*

4. (Geom.) *Grundlinie; Grundfläche*
5. (Chem.) *Base* [kein FF]
6. (adjektivischer Gebrauch) *Grund-; Haupt-*

La pasta è l'elemento base della cucina italiana.	*Nudeln sind der Hauptbestandteil der italienischen Küche.*

berlina f.
1. (Kutsche) *Berline* [kein FF]
2. (Auto) *Limousine*

La Lancia Fulvia Berlina fu progettata come una vettura elegante di piccola cilindrata per sostituire la vecchia Appia.	*Die Lancia Fulvia Limousine entwarf man als kleinen eleganten Wagen um den alten*[FF] *Appia auszuwechseln.*

3. (hist.) *Pranger*

mettere alla berlina	*an den Pranger setzen*

bestia f.
1. (großes) *Tier*

bestia da macello	*Schlachttier*
bestia feroce	*wildes Tier; Bestie*
Faceva un gran caldo e lui sudava come una bestia.	*Es war sehr heiß, und er schwitzte wie ein Tier.*

2. *Vieh*
3. *Esel; Tolpatsch*

Sei proprio una bestia!	*Du bist wirklich ein Esel.*

4. (Unmensch) *Bestie* [kein FF]

Quello non è un uomo, è una bestia.	*Das ist kein Mensch, sondern eine Bestie.*

blank Adj. / Adv.
1. Adj. (blinkend, glänzend) *lucido; lustro^{FF}*
2. Adj. (abgegriffen, abgewetzt) *consunto*
3. Adv. (nackt) *nudo*

| Die Nerven liegen blank. | *I nervi sono a fior di pelle.* |

4. Adj. (rein) *puro*

| Viele Schwarzarbeiter werden aus blankem Neid oder aus Rache angezeigt. | *Molti lavoratori in nero vengono denunciati per pura invidia o per vendetta.* |

blanko Adj.
in bianco

| Er bot einen Blankoscheck als Garantie an. | *Offrì in garanzia un assegno in bianco.* |

Blitz m.
1. (elektr. Entladung beim Gewitter) *lampo; fulmine*

| Der Brand wurde von einem Blitz verursacht, der in das Haus einschlug. | *L'incendio è stato provocato da un fulmine che si è abbattuto sulla casa.* |
| ein Blitz aus heiterem Himmel | *un fulmine a ciel sereno* |

2. (Foto) *flash*

brav Adj.
1. (gehorsam, besonders bei Kindern) *bravo* [kein FF]; *buono*

| Sei brav! | *Fa' il bravo!* |

2. (anständig) *onesto; perbene*

| Sie ist ein braves Mädchen. | *È una ragazza perbene.* |

3. (bieder) *perbenino*
4. (tapfer) *coraggioso*

bianco Adj.
1. *weiß*

| vino bianco | *Weißwein* |

2. *bleich*

| Era bianco come un lenzuolo. | *Er war kreidebleich.* |

In Zusammenhang mit einigen Substantiven und der Präposition „in" bezeichnet „bianco" das Fehlen einer bestimmten Qualität.

| Ha consegnato il compito in bianco. | *Er hat ein leeres Blatt abgegeben.* |
| Per paura del terremoto molti hanno passato la notte in bianco. | *Aus Angst vor dem Erdbeben haben viele eine schlaflose Nacht verbracht.* |

blitz m.
Blitzaktion[FF]; Schlag

| Il blitz della guardia di Finanza è stato denominato «operazione Titanus». | *Die Blitzaktion[FF] der Finanzpolizei wurde „Operation Titanus" genannt.* |

bravo Adj.
1. *fähig; geschickt; gut*

| In matematica è bravissimo. | *In Mathematik ist er sehr gut.* |

2. *redlich; rechtschaffen*
3. *artig; lieb; brav* [kein FF]
4. Nach einem Possessivadjektiv kann «bravo» unterschiedlich übersetzt werden, u. a. mit *gut:*

| Se si comporta così avra i suoi bravi motivi. | *Wenn er sich so verhält, wird er seine guten Gründe haben.* |

brutto Adj. / Adv.
lordo; al lordo

Bruttogewicht	*peso lordo*
Bruttoeinkommen	*reddito lordo*
1996 erreichte das Bruttoinlands-produkt in den alten[FF] Bundes-ländern die Rekordmarke von 1.573,30 Milliarden Euro.	*Nel 1996 il prodotto interno lordo nei Länder della vecchia Repub-blica Federale ha raggiunto il livello record di 1573,30 miliardi di euro.*

Bulle f.
(Urkunde mit Metallsiegel) *bolla* [kein FF]

päpstliche Bulle	*bolla pontificia*
Bannbulle	*bolla di scomunica*

Bulle m.
1. (Zool.) *toro*
2. (Zool.) *maschio*

der Elefantenbulle	*il maschio dell'elefante*

3. (ugs., großer starker Mann) *omaccione; omone*
4. (ugs. für „Polizist") *poliziotto; piedipiatti*

Burg f.
1. (Festung) *roccaforte; fortezza; castello*

Über dem kleinen Ort Hammerstein thront die Ruine der Burg Ley aus dem 10. Jahrhundert.	*Sul piccolo villaggio Hammerstein troneggia la rovina della fortezza Ley, che risale al decimo secolo.*

2. (Sandburg) *castello di sabbia*
3. (Zuflucht) *rifugio; asilo[FF]*

Eine feste Burg ist unser Gott.	*Un sicuro rifugio è il nostro Dio.*

brutto Adj.

1. *hässlich*

Nella tradizione popolare italiana la Befana è una vecchietta brutta che la notte prima dell'Epifania porta regali ai bambini.	*In der italienischen Volkstradition ist die „Befana" eine alte[FF] hässliche Frau, die in der Nacht vor dem Dreikönigsfest den Kindern Geschenke bringt.*

2. (moralisch) *schlecht; schlimm*

un brutto vizio	*eine schlechte Angewohnheit*

3. *schwierig; hart; böse*

passare un brutto momento	*eine schwierige Zeit durchmachen*

4. In Bezug auf das Wetter: *schlecht*

bolla f.

1. *Blase*
2. *Schein*

bolla di consegna	*Lieferschein*

3. *Bulle* [kein FF]

bullo m.

Halbstarker; Prahlhans; Großmaul

fare il bullo	*prahlen*

borgo m.

1. *Ortschaft; Dorf*

Si era costruito una villa vicino a un borgo mediovale in Toscana.	*Er hatte sich in der Nähe eines mittelalterlichen Dorfes in der Toskana ein Landhaus gebaut.*

2. *Vorstadtviertel*

Chef m.

1. *capo;* (Arbeitgeber) *padrone;* (Abteilungsleiter) *direttore; principale*

Franz ist bei seinen Kollegen unbeliebt, weil er wegen jeder Kleinigkeit zum Chef läuft.	*Franz non è molto amato dai suoi colleghi perché per ogni piccolezza corre dal direttore.*

2. (Führer einer organisierten Gruppe) *capo*

Der Chef der Bande[FF]	*il capobanda*

Chronik f.
(hist; allg.) *cronaca* [kein FF]

Shakespeare hat den Stoff[FF] seiner Dramen oft mittelalterlichen Chroniken entnommen.	*Shakespeare ha tratto spesso i temi per i suoi drammi dalle cronache medievali.*

Chronist m.
(hist.) *cronista* [kein FF]

Courage f.
coraggio [kein FF]
Im Deutschen ist die Bedeutung begrenzt auf: „Mut bezüglich einer unangenehmen Situation, einer ungern vorgenommenen Handlung".

Er hat nicht die Courage seinen Fehler zuzugeben. Zivil[FF]courage	*Non ha il coraggio di ammettere il proprio errore.* *valore civico*

chef m.
(Küchenchef eines Hotels oder Restaurants) *Chefkoch*

| Oggi cucina lo chef. | *Heute kocht der Chef.* |

Chef

chef

cronaca f.
1. (hist.) *Chronik* [kein FF]
2. (allg.) *Bericht; Reportage; Chronik* [kein FF]

cronaca sportiva	*Sportreportage*
cronaca cittadina	*Stadtchronik*
cronaca mondana	*Klatschspalte*
per la cronaca	*nebenbei gesagt*

cronista m. / f.
1. (hist.) *Chronist* [kein FF]
2. (allg.) *Berichterstatter;* (Journalist) *Reporter*

| Bruno Pizzul è uno dei cronisti sportivi più conosciuti d'Italia. | *Bruno Pizzul ist einer der bekanntesten italienischen Sportreporter.* |

coraggio m.
1. *Mut; Beherztheit; Unerschrockenheit; Courage* [kein FF]
2. *Frechheit; Dreistigkeit*

| Nonostante gli scandali in cui sono coinvolti, alcuni politici hanno il coraggio di ricandidarsi alle prossime elezioni. | *Trotz der Skandale, in die sie verwickelt sind, haben einige Politiker die Dreistigkeit, bei den nächsten Wahlen zu kandidieren.* |

Defekt m.
1. *danno; guasto*

Wegen eines Defektes an seiner Bremsanlage schied Schuhmacher schon in der dritten Runde aus.	*A causa di un guasto ai freni Schuhmacher si è ritirato già al terzo giro.*

2. *difetto* [kein FF]

defekt Adj.
difettoso; guasto

ein defekter Schalter	*un interruttore difettoso*

Dekan m.
1. (Rel.) *decano* [kein FF]
2. (Dekan einer Fakultät) *preside di facoltà*

Dekor n.
1. *motivo ornamentale; decorazione; decoro* [kein FF]

Geschirr mit Blumendekor	*servizio di piatti con motivi floreali*

2. (Theater) *decorazione scenica; scenario*

Bei dieser avantgardistischen Hamletinszenierung ist das Dekor extrem schlicht.	*In questa messa in scena avanguardistica dell'Amleto lo scenario è estremamente scarno.*

difetto m.
1. *Fehler; Defekt* [kein FF]

L'aereo è precipitato a causa di un difetto tecnico.	*Das Flugzeug ist wegen eines technischen Defekts abgestürzt.*
A causa di un difetto della vista Mario non può distinguere i colori.	*Wegen eines Sehfehlers kann Mario Farben nicht unterscheiden.*

2. *schlechte Angewohnheit; Fehler*

Fumare è proprio un brutto[FF] difetto.	*Rauchen ist wirklich eine schlechte Angewohnheit.*

3. *Schuld; Fehler*

Sentendosi in difetto, rimase in silenzio.	*Da er sich schuldig fühlte, schwieg er.*

4. *Mangel an; Fehlen von*

difetto di prove[FF]	*Mangel an Beweisen*

decano m.
1. (Rel.) *Dekan* [kein FF]

il cardinale decano	*der Kardinal-Dekan*

2. (innerhalb einer Gruppe) *Ältester; Doyen; Senior*

decoro m.
1. *Anstand; sittliche Gefühle*

Anche in povertà ha sempre mantenuto il proprio decoro.	*Er hat auch in der Armut seinen Anstand bewahrt.*

2. *Ansehen; Würde*

Il nobile siciliano aveva dilapidato l'intero patrimonio della famiglia ma aveva mantenuto il decoro della sua classe.	*Der sizilianische Adlige hatte das ganze Vermögen der Familie verschwendet, aber die Würde seines Standes bewahrt.*

3. *Zierde; Glanz*

La bella Lidia era il decoro della famiglia.	*Die schöne Lydia war die Zierde der Familie.*

4. *Dekor* [kein FF]

Delikatesse f.

1. *leccornia; specialità gastronomica*; (selten) *delicatezza* [kein FF]

Der Apfelstrudel war eine wahre Delikatesse.	*Lo strudel di mele era una vera leccornia.*

2. (veraltet für „Rücksicht") *delicatezza* [kein FF]; *discrezione*

Delikatesse

delicatezza

Denunziation f.

delazione

Denunziation war im Dritten Reich an der Tagesordnung.	*Nel Terzo Reich la delazione era all'ordine del giorno.*

Denunziation

denuncia

delicatezza f.
1. *Zartheit*

La bambina aveva ereditato dalla madre la delicatezza della pelle[FF] e i begli occhi neri.	*Das Mädchen hatte die Zartheit der Haut und die schönen schwarzen Augen von ihrer Mutter geerbt.*

2. *Zartgefühl; Feingefühl*

Era un duro uomo d'affari[FF] ma si occupava del suo bambino con grande delicatezza.	*Er war ein harter Geschäftsmann, aber er kümmerte sich mit viel Feingefühl um sein Kind.*

3. *(Takt-)Gefühl*

Dice le cose in faccia senza alcuna delicatezza.	*Er sagt einem alles ins Gesicht, ohne jegliches Taktgefühl.*

4. *Aufmerksamkeit; Rücksicht; Diskretion; Delikatesse* [kein FF]

Potresti avere la delicatezza di non fumare qui? Questa faccenda va trattata con delicatezza.	*Könntest du so freundlich sein, hier nicht zu rauchen? Diese Angelegenheit muss mit Diskretion behandelt werden.*

5. (selten) *Leckerbissen; Köstlichkeit; Delikatesse* [kein FF]

denuncia f.
1. (jur.) *Anzeige*

denunciare un furto Accusato da alcuni critici di plagio, sporse subito denucia per diffamazione.	*einen Diebstahl anzeigen Als er von einigen Kritikern des Plagiats bezichtigt wurde, erstattete er sofort Anzeige wegen Verleumdung.*

2. *(An-)Meldung; Erklärung*

La denuncia dei redditi deve venir consegnata entro la fine del mese.	*Die Steuererklärung soll bis Ende des Monats abgegeben werden.*

Devise f.
massima; motto

„Macht Liebe, keinen Krieg" war die Devise der Hippies.	*«Fate l'amore, non fate la guerra» era la massima degli hippy.*

Devisen f. Pl.
valuta estera; divisa [kein FF]

devot Adj.
ossequioso; rispettoso; devoto [kein FF]

Sein devotes Verhalten geht jedem auf die Nerven.	*Il suo comportamento ossequioso dà sui nervi a tutti.*

dezent Adj. / Adv.
1. (Benehmen einer Person) *riguardoso; discreto; che ha tatto*[FF]

Die Sekretärin wies ihren Chef[FF] dezent auf etwas Lippenstift an seinem Kragen hin.	*La segretaria fece discretamente notare al suo capo il rossetto sul colletto della camicia.*

2. (in Bezug auf Kleidung, Parfüm u. ä.) *discreto, sobrio;* (in Bezug auf Licht oder Musik) *sommesso, smorzato, moderato;* (in Bezug auf Farben) *delicato, morbido*[FF]

Sie trug ein dezentes graues Kostüm[FF].	*Portava un sobrio tailleur grigio.*

divisa f.
1. *Uniform*

Il famoso[FF] capo mafioso è stato portato via da due carabinieri in divisa.	*Der bekannte Mafiaboss wurde von zwei uniformierten Carabinieri abgeführt.*

2. (Heraldik) *Devise* [kein FF]; *Wahlspruch*
3. (Wirt.) *Devisen* [kein FF]

divisa pregiata	*hochwertige Devisen*

devoto Adj.
1. *fromm*; (im Deutschen negativ konnotiert) *devot*

Molti napoletani sono devoti a San Gennaro, il patrono della città.	*Viele Neapolitaner verehren den Heiligen Gennaro, den Schutzheiligen der Stadt.*

2. *ergeben; treu*

I suoi amici devoti lo hanno salvato dalla rovina.	*Seine treuen Freunde haben ihn vor dem Ruin gerettet.*

3. *liebend; verbunden*

devoto alle tradizioni	*traditionsverbunden*

decente Adj.
1. *schicklich; anständig*

Potete entrare in chiesa solo se siete vestiti in modo decente.	*Ihr dürft nur in die Kirche eintreten, wenn ihr anständig angezogen seid.*

2. *annehmbar*; *angemessen*; *passabel*; (ugs.) *anständig*

Per molti giovani è impossibile trovare un lavoro decente.	*Viele junge Leute können keine anständige Arbeit finden.*

Differenz f.
1. (Math., allg.) *differenza* [kein FF]

Tordifferenz	*differenza gol*

2. *divergenza di opinioni; contrasto*

Ministerpräsident Romano Prodi hat die Führer der Koalitionsparteien zu einem Gipfeltreffen versammelt, die Differenzen konnten aber nicht endgültig beigelegt werden.	*Il presidente del consiglio Romano Prodi ha riunito i leader dei partiti di coalizione in un incontro al vertice, ma le divergenze non si sono potute appianare definitivamente.*

diffizil Adj.
1. (gehobenere Sprache) *difficile* [kein FF]

Das Problem stellte sich als sehr diffizil heraus.	*Il problema si rivelò molto difficile.*

2. *estremamente preciso; di alta precisione; scrupoloso*

Der Uhrmacher hat eine diffizile Arbeit.	*L'orologiaio ha un lavoro di alta precisione.*

diffus Adj.
1. (Chemie, Physik) *diffuso* [kein FF]

diffuses Licht	*luce diffusa*

2. Im Bezug auf Ideen, Meinungen u. ä.: *vago; oscuro; non chiaro*

Die Zuhörer verstanden nichts von seinem diffusen Geschwafel.	*Gli ascoltatori non capirono nulla delle sue vaghe chiacchiere.*

differenza f.
1. *Verschiedenheit; Unterschied; Differenz* [kein FF]

Spesso le differenze culturali rendono difficile[FF] la comunicazione tra i paesi.	*Oft erschweren die kulturellen Unterschiede die Kommunikation zwischen den Ländern.*

2. (Math.) *Differenz* [kein FF]

difficile Adj.
1. *schwer; schwierig;* (selten) *diffizil* [kein FF]

La difficile operazione è durata cinque ore.	*Die schwierige Operation hat fünf Stunden gedauert.*

2. *schwer; mühsam*

In quella confusione era difficile capire qualcosa.	*In diesem Chaos konnte man schwer etwas verstehen.*

3. In Redewendungen wie „è difficile che": *unwahrscheinlich*

È difficile che la squadra italiana riesca a vincere i campionati europei.	*Es ist unwahrscheinlich, dass die italienische Fußball[FF]mannschaft die Europameisterschaft gewinnt.*

diffuso Adj.
1. *weit verbreitet*

Che la politica sia una cosa sporca è un'opinione molto, troppo diffusa in Italia.	*Dass Politik eine schmutzige Sache sei, ist in Italien eine allzu verbreitete Meinung.*

2. (Chemie, Physik) *diffuso* [kein FF]

La luce diffusa rendeva la stanza ancora più accogliente.	*Das diffuse Licht machte das Zimmer noch gemütlicher.*

Dirigent m.
direttore d'orchestra

Orchesterdirigent

dirigente

disponieren V. intr.
1. (Lit., veraltet) *disporre* [kein FF]

Er disponierte über die Menschen wie ein Diktator.	*Egli disponeva delle persone come un dittatore.*

2. *programmare; predisporre;* (selten) *disporre* [kein FF]

Sie hatten die Reise ursprünglich für Juli disponiert.	*Avevano inizialmente programmato il viaggio per luglio.*

dubios Adj.
sospetto; equivoco; ambiguo; dubbio; dubbioso [kein FF]

Sie wusste nichts von seinen dubiosen Machenschaften.	*Lei non sapeva niente delle sue equivoche manovre.*

dirigente m. / f. / Adj.
1. Als männliches oder weibliches Substantiv: *leitender Angestellter; Leiter;* (Pol.) *Führer*

dirigente d'azienda	*Betriebsleiter*
dirigente sindacale	*Gewerkschaftsführer*

2. Adj. *führend; Führungs-; leitend*

la classe dirigente	*die Führungsschicht*

disporre V. intr. / V. tr. / V. refl.
1. V. intr. *verfügen (über);* (Lit.) *disponieren (über)* [kein FF]

Dispone di un grande capitale.	*Er verfügt über ein großes Kapital.*

2. V. tr. *(auf)stellen; (an)ordnen; arrangieren*[FF]

Ikebana è l'arte giapponese di disporre i fiori.	*Ikebana ist die japanische Kunst, Blumen zu arrangieren*[FF].

3. V. intr. *vorbereiten für*
4. V. tr. *veranlassen; verfügen; befehlen; anordnen*

L'uomo propone e Dio dispone.	*Der Mensch denkt, Gott lenkt.*

5. V. refl. *sich aufstellen; sich vorbereiten auf*

I ballerini si disposero in cerchio.	*Die Tänzer stellten sich im Kreis auf.*

dubbioso Adj.
1. *zweifelnd; unsicher; bedenklich*

Perché fai quella faccia dubbiosa?	*Warum machst du so ein bedenkliches Gesicht?*

2. *argwöhnisch; misstrauisch*

Il prezzo estremamente basso della macchina[FF] lo ha reso dubbioso.	*Der extrem niedrige Preis des Autos hat ihn misstrauisch gemacht.*

3. *dubios* [kein FF]; *zwielichtig*

È stato visto in dubbiosa compagnia.	*Er wurde in zwielichtiger Gesellschaft gesehen.*

effektiv Adj.

1. (wirksam) *efficace; valido*

Die Liegestützen sind eine einfache, aber sehr effektive Übung zur Muskelstärkung.	*Le flessioni sono un esercizio facile ma molto efficace per rafforzare i muscoli.*

2. *efficente; attivo*

Seine Sekretärin ist sehr effektiv.	*La sua segretaria è molto efficente.*

3. (wirklich) *effettivo* [kein FF]; *reale; concreto*

Der effektive Wert des Oldtimers ist sehr niedrig. der effektive Gewinn	*Il valore concreto dell'Oldtimer è molto basso.* *l'utile netto*[FF]

Examen n.
(an der Universität) *esame finale*

Er hat sein Examen glänzend bestanden, obwohl er während des Studiums in den Prüfungen eher mäßige Ergebnisse erzielt hatte.	*Ha superato l'esame finale brillantemente, nonostante i mediocri risultati ottenuti durante gli anni di studio.*

expansiv Adj.
1. (Physik) *espansivo* [kein FF]
2. (Pol.) *espansionistico*

eine expansive Politik	*una politica espansionistica*

3. (Wirt.) *in espansione; d'espansione*

ein expansives Unternehmen	*un'impresa in espansione*

effettivo Adj.
1. *wirklich; effektiv* [kein FF]; *tatsächlich*

Il valore affettivo della casa supera di gran lunga quello effettivo.	*Der emotionale Wert des Hauses übersteigt bei weitem den effektiven Wert.*

2. *ordentlich; festangestellt; ständig*

socio effettivo	*ordentliches Mitglied*

esame m.
1. *Prüfung; Examen*

Maria è stata bocciata per la terza volta all'esame di guida.	*Maria ist zum dritten Mal bei der Führerscheinprüfung durchgefallen.*

2. *Überprüfung; Kontrolle; Durchsuchung*

Dopo un attento esame delle prove[FF] il magistrato ha deciso di rilasciarlo.	*Nach einer sorgfältigen Überprüfung der Beweise hat der Untersuchungsrichter entschieden, ihn freizulassen.*

3. (Med.) *Untersuchung; Probe*

L'esame del sangue ha dato esito negativo.	*Die Blutuntersuchung hat keinen Befund ergeben.*

4. *Prüfung; Überlegung*

espansivo Adj.
1. (Physik) *expansiv* [kein FF]; *Expansions-*
2. *überschwänglich; offenherzig*

Carlo è un bambino molto espansivo.	*Carlo ist ein offenherziges Kind.*

Fabrikat n.
1. *prodotto; manufatto; articolo*
2. *marca*

Dieses Geschäft führt nur die besten Fabrikate.	*Questo negozio tiene solo le migliori marche.*

Fakt / Faktum n.
fatto [kein FF]

Fakt ist, dass der Kohlendioxid- ausstoß in die Atmosphäre für den Treibhauseffekt verantwortlich ist.	*È un dato di fatto che l' effetto serra è originato dall' emissione nell' atmosfera di anidride carbonica.*
Wir wollen hier über Fakten sprechen, nicht über Mutmaßungen.	*Vogliamo parlare qui di fatti concreti, non di congetture.*

Adverbial gebraucht:

faktisch	*praticamente/realmente*

famos Adj.
magnifico; favoloso; splendido; straordinario; eccezionale

Marcello Mastroianni war nicht nur ein weltberühmter Filmstar, sondern auch ein famoser Theaterschauspieler.	*Marcello Mastroianni non era solo una stella del cinema conosciuta in tutto il mondo, ma anche uno straordinario attore teatrale.*

fabbricato m.
Bau; Gebäude

Non basta rinnovare gli interni, l'intero fabbricato è in rovina.	*Es genügt nicht, die Innenräume zu renovieren, das ganze Gebäude ist verfallen.*

fatto m.
1. *Tat*

Per cambiare qualcosa ci vogliono fatti e non parole[FF].	*Um etwas zu ändern, braucht man Taten, keine Worte.*

2. *Tatsache; Fakt* [kein FF]

I fatti parlano chiaro.	*Die Tatsachen sprechen für sich.*

3. *Ereignis*

Un uomo ha morso un cane. Il fatto si è svolto ieri a Roma.	*Ein Mann hat einen Hund gebissen. Dies ist gestern in Rom geschehen.*

4. *Angelegenheit; Sache*

Fatti i fatti tuoi.	*Kümmere dich um deine Angelegenheiten.*

famoso Adj.
1. *bekannt; berühmt; namhaft* (auch ironisch)

Pavarotti sta di nuovo preparando[FF] un concerto di beneficenza al quale parteciperanno molti cantanti famosi.	*Pavarotti bereitet gerade ein neues Wohltätigkeitskonzert vor, an dem viele berühmte Sänger teilnehmen werden.*

2. *berüchtigt*

È davvero triste che la Sicilia sia famosa all'estero soprattutto per la mafia.	*Es ist wirklich traurig, dass Sizilien im Ausland vor allem wegen der Mafia berüchtigt ist.*

3. *denkwürdig; berühmt*

Totò, il più famoso ed amato comico italiano, nacque a Napoli nel 1898.	*Totò, der berühmteste und beliebteste italienische Komiker, wurde 1898 in Neapel geboren.*

Ferien f. (Pl.)
1. *vacanza; vacanze*

| Weihnachtsferien | *le vacanze di Natale* |

2. *ferie* [kein FF]
Im Deutschen überwiegt beim Wort „Ferien" der nicht berufliche Aspekt, im Italienischen ist mit „ferie" dagegen der Arbeitsurlaub gemeint.

feudal Adj. / Adv.
1. (hist.) *feudale* [kein FF]
2. *aristocratico; nobile*

| die feudalen Kreise | *le cerchie aristocratiche* |

3. *splendido; lussuoso; sontuoso; principesco*

| Das Hochzeitsbankett war wirklich feudal. | *Il banchetto nuziale fu veramente principesco.* |

fidel Adj.
allegro; gioviale; spensierato

| Der junge Franz von Assisi hatte ein fideles Leben geführt. | *Il giovane Francesco d'Assisi aveva condotto una vita allegra.* |

fidel

fedele

ferie f. (Pl.)
1. *Ferien* [kein FF]
2. *Urlaub*

Ha preso tre giorni di ferie.	*Er hat drei Tage Urlaub genommen.*
Chiuso per ferie.	*Wegen Urlaub geschlossen.*

Vorsicht! „Un giorno feriale" ist kein Urlaubstag, sondern ein Arbeits- oder Wochentag, im Gegensatz zu „un giorno festivo", ein Feiertag.

feudale Adj.
1. (hist.) *feudal* [kein FF]

L'ordine sociale di tipo feudale che esisteva dal primo medioevo fu sconvolto dalla Rivoluzione francese.	*Die seit dem Frühmittelalter bestehende feudale Gesellschaftsordnung wurde von der Französischen Revolution erschüttert.*

2. *despotisch; absolutistisch*

A causa sua don Leonardo regnava in modo feudale.	*In seinem Haus herrschte Don Leonardo despotisch.*

fedele Adj. / m. / f.
1. Adj. *treu*

È sempre stato un marito fedele.	*Er ist immer ein treuer Ehemann gewesen.*

2. Adj. *genau; getreu*

Questa è una fedele traduzione dell'originale.	*Diese ist eine wortgetreue Übersetzung des Originals.*

3. Als Substantiv: *Gläubige/r*

la comunità dei fedeli	*die Gemeinde der Gläubigen*

4. Als Substantiv: *Anhänger/in*
5. Als Substantiv (hist.): *Getreue; Vasall*

Film m.
1. *pellicola*

Filmentwicklung in 24 Stunden.	*Si sviluppano pellicole in 24 ore.*

2. *film* [kein FF]; *filmato*
3. *cinema; cinematografia*

Filmfestival	*Festival del cinema*

4. *pellicola; velo*

Diese Creme überzieht ihre Hände mit einem dünnen Schutzfilm.	*Questa crema riveste le vostre mani di un sottile velo protettivo.*

Firma f.
ditta; azienda; società

Durch den Zusammenschluss von Firmen kann der Wettbewerbs- druck verringert werden. Firmenpolitik	*Procedendo alla fusione di ditte si può ridurre la pressione derivante dalla concorrenza.* *politica aziendale*

Fluidum n.
fluido (magnetico)

Der Zauberer besaß ein besonderes Fluidum.	*L'illusionista aveva uno speciale fluido magnetico.*

film m.
Film [kein FF]

«Per un pugno di dollari», girato nel 1962 da Sergio Leone, è stato il primo film del genere western all'italiana.	*Der 1962 von Sergio Leone gedrehte Film „Für eine Hand voll Dollar" ist der erste Italo-Western.*
film giallo	*Kriminalfilm*
film dell'orrore	*Horrorfilm*
film a luci rosse	*Pornofilm*

firma f.
1. *Unterschrift; Unterzeichnung*

firma autenticata	*beglaubigte Unterschrift*
Ci metterei la firma!	*Ich wäre sofort dabei.*

2. *Name*

Camilla Cederna è stata una grande firma del giornalismo italiano.	*Camilla Cederna war ein großer Name des italienischen Journalismus.*

3. *Signatur*

Quasi tutti i suoi libri avevano la firma dell'autore.	*Fast alle seine Bücher waren signiert.*

fluido Adj. / m.
1. Adj. *flüssig*

una lozione fluida	*eine dünnflüssige Lotion*

2. Adj. *fließend*

Nonostante il forte accento italiano il suo inglese era fluido e grammaticalmente corretto.	*Trotz des starken italienischen Akzents war sein Englisch fließend und grammatisch richtig.*

3. Als Substantiv: *Flüssigkeit*
4. Als Substantiv: *Fluidum* [kein FF]

Fontäne f.
getto d'acqua; zampillo

> Das Blut schoss aus der Wunde wie eine Fontäne heraus.
>
> *Il sangue zampillava dalla ferita.*

Im Deutschen bezeichnet „Fontäne" den Wasserstrahl, das italienische „fontana" dagegen bezieht sich auf eine architektonische Struktur.

Fraktion f.
1. (Pol.) *gruppo parlamentare; gruppo politico*
2. (innerhalb einer Partei) *frazione* [kein FF]

Fraktion

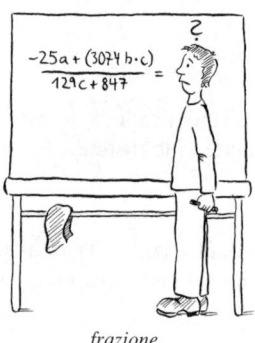

frazione

Fraktur f.
1. *scrittura gotica; caratteri gotici*

> (fig.) mit jdm. Fraktur reden
>
> *parlare chiaro con qualcuno*

2. (Med.) *frattura* [kein FF]

fulminant Adj.
splendido; brillante; grandioso; strepitoso

> Guglielmo hatte eine fulminante Karriere gemacht, aber die Affäre[FF] mit der Tochter des Firmeneigentümers kostete ihn seine Chef[FF]position.
>
> *Guglielmo aveva fatto una carriera strepitosa, ma la relazione con la figlia del padrone gli costò la sua posizione dirigenziale.*

fontana f.
1. *Brunnen*

La fontana di Trevi è diventata ancora più famosa[FF] grazie al film [FF] di Federico Fellini «La dolce vita».	*Der Trevi-Brunnen ist dank des Films[FF] von Federico Fellini „La dolce vita" noch berühmter geworden.*

2. (Wasser) *Strom*

frazione f.
1. *(Bruch-)Teil; Fragment*

Quell'incidente ha cambiato la sua vita in una frazione di secondo.	*Jener Unfall hat im Bruchteil einer Sekunde sein Leben verändert.*

2. (Pol.) *Fraktion* [kein FF]

All'interno del Partito dei Verdi si è creata una nuova frazione.	*Innerhalb der Grünen Partei wurde eine neue Fraktion gebildet.*

3. (Math.) *Bruch(zahl)*
4. *Ortsteil*

Capodichino è una frazione di Napoli.	*Capodichino ist ein Ortsteil von Neapel.*

frattura f.
1. *Bruch; Spaltung*

La frattura all'interno del partito ha disorientato i votanti.	*Die Spaltung in der Partei hat die Wähler verwirrt.*

2. (Med.) *Fraktur* [kein FF]

fulminante Adj.
1. (Tech.) *Schieß-; Spreng-*

capsula fulminante	*Sprengkapsel*

2. (Med.) *tödlich*

È morto di una polmonite fulminante.	*Er ist an einer tödlichen Lungenentzündung gestorben.*

3. In Verbindung mit „occhiata" u. ä.: *durchbohrend; wütend; vernichtend*

Galeere f.

(hist.) *galea; galera* [kein FF]

Den Literaturpreis gewann ein Buch, das von einer Meuterei auf einer Galeere des 16. Jahrhunderts handelt.	*Il premio letterario è stato vinto da un libro che tratta di un ammutinamento su una galera del Cinquecento.*

Globus m.

globo (terrestre); mappamondo

Im Geschäft gab es keinen Globus mehr, also musste er sich mit einer Weltkarte begnügen.	*Nel negozio non c'erano più mappamondi, dovette quindi accontentarsi di una carta[FF] geografica del mondo.*

Golf m.

1. (Sport) *golf* [kein FF]

Trotz seines hohen Alters war er immer noch ein leidenschaftlicher Golfspieler.	*Nonostante l'età avanzata era ancora un ottimo giocatore di golf.*

2. (Geogr.) *golfo* [kein FF]

Gummi m. / n.

1. *gomma* [kein FF]

Wenn es in Venedig Hochwasser gibt, kann man nur mit Gummistiefeln herumlaufen.	*Quando c'è l'alta[FF] marea a Venezia si può andare in giro solo con gli stivali di gomma.*

2. (ugs.) *preservativo*

Auf dem Plakat der Anti-Aids-Kampagne war zu lesen: „Ein Gummi kann das Leben retten."	*Sul manifesto[FF] della campagna antiaids si poteva leggere: «Un preservativo può salvare la vita.»*

galera f.
1. (hist.) *Galeere* [kein FF]
2. *Gefängnis; Knast*

Quel tipo è un poco di buono, un avanzo di galera.	*Dieser Typ ist ein schwerer Junge, ein Knastbruder.*

globo m.
1. *Kugel;* (selten) *Globus* [kein FF]

un globo di cristallo	*eine Kristallkugel*

2. *Erde; Welt*

Internet collega tutte le parti del globo.	*Das Internet verbindet alle Erdteile miteinander.*

golf m.
1. (Sport) *Golf* [kein FF]; *Golfspiel*
2. *Strickjacke; Pullover*

Mettiti il golf. Fa freddo.	*Zieh dir den Pullover an. Es ist kalt[FF].*

golfo m.
(Geogr.) *Golf* [kein FF]

il golfo di Trieste	*der Golf von Triest*

gomma f.
1. *Gummi* [kein FF]; *Kautschuk*
2. *Radiergummi*
3. *Kaugummi*

In alcune regioni italiane la gomma da masticare viene chiamata «cicca», parola derivata dall'inglese «chewing gum».	*In manchen italienischen Regionen nennt man den Kaugummi „cicca", ein Wort, das aus dem Englischen "chewing gum" abgeleitet wurde.*

4. *Reifen*

È arrivato[FF] in ritardo perché ha dovuto cambiare una gomma.	*Er ist spät angekommen, weil er einen Reifen wechseln musste.*

honorieren V.tr.

1. *pagare un onorario; retribuire; pagare*

Diese Übersetzungsarbeit wird gut honoriert.	*Questo lavoro di traduzione viene ben retribuito.*

2. *ripagare*

Ehrlichkeit wird nicht immer honoriert.	*L'onestà non viene sempre ripagata.*

horrend Adj.
esagerato; enorme; colossale; spaventoso

Es werden horrende Summen für unnütze Projekte ausgegeben, und die Steuerzahler erfahren nichts davon.	*Vengono spese somme enormi per progetti inutili e i contribuenti non ne vengono a sapere niente.*

Humor m.

1. *senso dell'umorismo; humour* ['ju:mor]

Obwohl sich alle über ihn lustig machten, bewies er großen Humor. schwarzer Humor	*Sebbene tutti si prendessero gioco di lui, dimostrò di avere senso dell'umorismo.* *humour nero*

2. *buon umore; spirito*

Er hatte einen sonnigen Humor.	*Era uno spirito sereno.*

onorare V. tr. / V. refl.
1. V. tr. *ehren; verehren*

Onora il padre e la madre.	*Du sollst Vater und Mutter ehren.*

2. V. tr. *beehren; die Ehre erweisen*

Il Presidente della Repubblica ha onorato con la sua visita i familiari delle vittime.	*Der Staatspräsident hat die Familien der Opfer mit seinem Besuch beehrt.*

3. V. tr. *(alle) Ehre machen*
4. V. refl. *die Ehre haben*

orrendo Adj.
schrecklich; entsetzlich; fürchterlich; grässlich; scheußlich

un delitto orrendo Ha fatto una morte orrenda.	*ein grässliches Verbrechen* *Er hat einen entsetzlichen Tod erlitten.*

umore m.
1. (Biol.) *Körperflüssigkeit*; (Bot.) *Pflanzensaft*
2. (veraltet) *Charakter; Temperament; Wesen; Art*

Era di umore bilioso.	*Er war von reizbarem Charakter.*

3. *Laune; Stimmung*

Dopo la seduta i ministri erano di ottimo umore.	*Nach der Sitzung waren die Minister sehr gut gelaunt.*

imponieren V. intr.
impressionare; fare (un certo) effetto

Ihr Verhalten in jener schwierigen Situation imponierte jedem.	*Il suo comportamento in quella difficile^{FF} situazione impressionò tutti.*

impotent Adj.
(Med.) *impotente* [kein FF]

Eines der erfolgreichsten Bücher der letzten Jahre in Deutschland war Hera Linds Roman „Suche impotenten Mann fürs Leben".	*Uno dei libri di maggiore successo negli ultimi anni in Germania è stato il romanzo di Hera Lind «Cerco uomo impotente per la vita».*

Index m.
1. (Verzeichnis) *indice* [kein FF]

Am Ende des Buches befindet sich der Index.	*L'indice si trova alla fine del libro.*

2. (Rel.) *indice* [kein FF]

Die Werke von Galileo Galilei wurden auf den Index gesetzt.	*Le opere di Galileo Galilei furono messe all'indice.*

3. (Wertzahl) *indice* [kein FF]

der Produktionsindex	*l'indice di produzione*

imporre V. tr. / V. refl.
1. V. tr. *vorschreiben; auferlegen; befehlen*
2. V. tr. *aufzwingen; durchsetzen*

Fa tanto il democratico, ma alla fine impone sempre la sua volontà.	*Er tut so, als ob er demokratisch wäre, aber am Ende setzt er immer seinen Willen durch.*

3. V. tr. *fordern; erfordern*

La situazione è delicata e impone prudenza.	*Die Situation ist delikat und erfordert Vorsicht.*

4. V. refl. *sich durchsetzen; siegen*
5. V. refl. *angebracht/nötig erscheinen*

impotente Adj.
1. (Med.) *impotent* [kein FF]
2. *ohnmächtig; hilflos; machtlos*

Davanti alla criminalità crescente la polizia sembra essere impotente.	*Gegen die wachsenden Kriminalität scheint die Polizei machtlos zu sein.*

3. *unfähig*

un'amministrazione impotente	*eine unfähige Verwaltung*

4. *wirkungslos*

indice m.
1. (Anatomie) *Zeigefinger*

Sta sempre a puntare l'indice contro gli altri e non si rende conto dei propri errori.	*Er erhebt ständig den Zeigefinger gegen Andere und bemerkt seine eigenen Fehler nicht.*

2. (fig.) *(An-)Zeichen*

Questo comportamento è indice di immaturità.	*Dieses Verhalten ist ein Zeichen von Unreife.*

3. *Verzeichnis; Register;* (selten) *Index* [kein FF]

indice alfabetico indice analitico	*alphabetisches Verzeichnis Sachregister*

4. (Rel.) *Index* [kein FF]
5. (Wertzahl) *Index* [kein FF]

Indianer m.
indiano (d'America) [kein FF]

In den frühen Westernfilmen sind die Indianer fast immer die bösen.	*Nei primi film^{FF} western gli indiani sono quasi sempre i cattivi.*

indiskutabel Adj.
inaccettabile

Das ist völlig indiskutabel.	*Questo è assolutamente inaccettabile.*

Intendant m.
1. (hist.) *intendente* [kein FF]
2. (Theater, TV, Radio) *direttore di scena (di teatro); direttore di una stazione radio (televisiva)*

irritieren V. tr.
1. *confondere; rendere confuso*

Die ständigen Meinungsänderungen von Umberto Bossi irritieren seine Anhänger.	*I continui cambiamenti di opinione di Umberto Bossi confondono i suoi sostenitori.*

2. (veraltet) *eccitare*
3. *molestare; infastidire; irritare* [kein FF]; *indispettire*

Das Warten irritierte ihn sehr.	*L'attesa lo irritò molto.*

indiano Adj. / m.

1. Adj. *indisch*

Oceano Indiano	*Indischer Ozean*

2. Adj. *indianisch; Indianer-*

tribù indiana	*Indianerstamm*

3. Als Substantiv: *Inder*
4. Als Substantiv: *Indianer*

indiscutibile Adj.
unumstößlich; unanfechtbar; unbestreitbar

Hanno prove[FF] indiscutibili della sua colpevolezza.	*Sie haben unumstößliche Beweise für seine Schuld.*

intendente m.

1. (hist.) *intendente* [kein FF]
2. (jur.) *Direktor; Verwalter*

intendente di finanza	*Finanzdirektor*

3. *Oberintendant*

irritare V. tr. / V. refl.

1. V. tr. *irritieren* [kein FF]; *reizen; ärgern*

Il suo fare arrogante irrita tutti.	*Seine arrogante Art irritiert alle.*

2. V. tr. *reizen; entzünden*

Questo detersivo irrita la pelle[FF].	*Dieses Waschmittel reizt die Haut.*

3. V. refl. *sich ärgern*

Come sei nervoso! Ti irriti per niente!	*Bist du nervös! Du ärgerst dich wegen nichts!*

4. V. refl. *gereizt werden; sich entzünden*

La pelle[FF] dei bambini si irrita facilmente.	*Die Haut der Kinder wird leicht gereizt.*

Jubiläum n.
anniversario

Die Firma[FF] feierte ihr 10jähriges Jubiläum.	*La ditta festeggiò il suo decimo anniversario.*
50jähriges Jubiläum	*cinquantenario*
100jähriges Jubiläum	*centenario*

Justiz f.
1. (selten) *giustizia* [kein FF]
2. (jur.) *giurisdizione; giurisprudenza*
3. (jur.) *autorità giudiziaria*

Der Dieb wurde der Justiz übergeben.	*Il ladro fu consegnato alle autorità giudiziarie.*
Justizirrtum	*errore giudiziario*
Lynchjustiz	*linciaggio*

die Justiz

la Giustizia

giubileo m.
1. (Rel.) *Jubeljahr; Heiliges Jahr*
2. (Rel.) *vollkommener Ablass*
3. *fünfzigjähriges Jubiläum*

giubileo di fondazione	*fünfzigjähriges Gründungsjubiläum*

giustizia f.
1. (allg.) *Gerechtigkeit*

Non c'è giustizia a questo mondo.	*Es gibt keine Gerechtigkeit in dieser Welt.*

2. (selten) *Justiz* [kein FF]; *Gericht; Jurisdiktion*

Dopo due mesi di latitanza l'assassino si è consegnato spontaneamente alla giustizia.	*Nachdem er zwei Monate flüchtig gewesen war, stellte sich der Mörder freiwillig der Justiz.*

3. *Rechtsprechung; Jurisdiktion*

amministrazione della giustizia	*Rechtspflege*

4. *Recht*

Lui ha agito secondo giustizia.	*Er hat nach Recht gehandelt.*

Kabinett n.

1. (veraltet) *stanzino; salottino; gabinetto* [kein FF]

Spielkabinett	*salottino da gioco*

2. (besonders in Kunstgalerien u. ä.) *gabinetto* [kein FF]

Raritätenkabinett	*gabinetto delle rarità*

3. (Pol.) *gabinetto* [kein FF]; *consiglio dei ministri; governo*

Kabinettsumbildung	*rimpasto ministeriale (di gabinetto)*

Kadaver m.

1. (Tierleiche) *carogna*

Der Kadaver des Gnus wurde von den Geiern gefressen.	*La carogna dello gnu fu mangiato dagli avvoltoi.*

2. (toter Körper, selten) *cadavere* [kein FF]

kalt Adj.

freddo

Heute ist es kalt.	*Oggi fa freddo.*
Das ist kalter Kaffee!	*Questa è vecchia!*
kaltblütig	*a sangue freddo*
kalte Platte	*piatti freddi*

gabinetto m.
1. *Toilette; Latrine; Klosett*

Il gabinetto è in corridoio.	*Die Toilette ist im Korridor.*
gabinetto alla turca	*Stehklosett*

2. (in einem Museum) *Kabinett* [kein FF]

il gabinetto numismatico	*Münzkabinett*

3. (Pol.) *Kabinett* [kein FF]

il capo di gabinetto	*Kabinettschef*[FF]

4. (antiquiert) *Kabinett* [kein FF]
5. (allg.) *Arbeitszimmer;* (Med.) *Praxis*; (Adm.) *Amtszimmer; Büro*

gabinetto medico	*Arztpraxis*

cadavere m.
1. *Leiche; Leichnam*

Il cadavere dell'uomo giaceva sul letto.	*Die Leiche des Mannes lag auf dem Bett.*
Per la paura era bianco[FF] come un cadavere.	*Er war vor Angst leichenblass.*

2. *Kadaver* [kein FF]

caldo Adj. / m.
1. Adj. *warm; heiß*

La minestra è molto calda: è meglio se aspetti un attimo prima di mangiare.	*Die Suppe ist sehr heiß, warte lieber einen Moment, bevor du mit dem Essen beginnst.*
Non c'è più acqua calda. Chi si vuole fare la doccia, lo deve fare con l'acqua fredda.	*Es gibt kein warmes Wasser mehr. Wer duschen will, muss es mit kaltem Wasser tun.*

2. Als Substantiv: *Wärme; Hitze*

Sto morendo dal caldo, apri la finestra per favore.	*Ich halte diese Hitze nicht mehr aus: Mach' bitte das Fenster auf.*

Kamera f.
1. (Foto) *macchina*[FF] *fotografica*
2. (Film) *cinepresa; telecamera*

| Gute Schauspieler wirken auch vor der Kamera natürlich. | *I bravi attori hanno modi semplici anche davanti alla telecamera.* |

Kammer f.
1. *camera (da letto)* [kein FF]; *cameretta*
2. (Abstellraum) *stanzino; ripostiglio;* (Speisekammer) *dispensa*

| Besenkammer | *stanzino delle scope* |

3. (Med., Herz) *ventricolo*
4. (Techn.) *camera* [kein FF]

| Brennkammer | *camera di combustione* |

5. (Pol.) *camera* [kein FF]

| die beiden Kammern des Parlaments | *le due camere del parlamento* |

6. (Wirt.) *camera* [kein FF]; *ordine*

| Handels-, Industrie- und Landwirtschaftskammer | *camera di commercio, industria e agricoltura* |

7. (Vereinigung von Vertretern bestimmter Berufe) *ordine*

| Anwaltskammer | *ordine degli avvocati* |
| Ärztekammer | *ordine dei medici* |

Kantine f.
mensa

| Das Essen in der Kantine war heute wieder mal miserabel. | *Il mangiare della mensa era di nuovo pessimo.* |

camera f.

1. *Zimmer; Raum*

Mi dispiace, non abbiamo camere libere. L'hotel è al completo.	*Es tut mir Leid, wir haben kein freies Zimmer mehr. Das Hotel ist ausgebucht.*

2. *Kammer* [kein FF]; *Raum; Halle*

Camera del lavoro	*Arbeiterkammer*
camera operatoria	*Operationssaal*
orchestra da camera	*Kammerorchester*

3. (Pol.) *Kammer* [kein FF]; *Haus*

camera dei deputati	*Abgeordnetenhaus*

4. (Techn.) *Kammer* [kein FF]

camera di compressione	*Verdichtungsraum*

Kamera

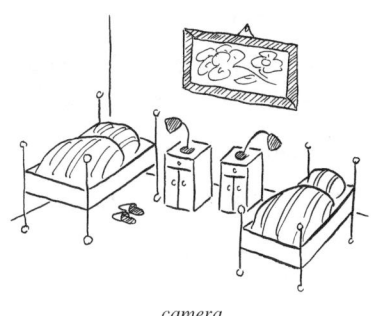

camera

cantina f.

1. *Keller*

Attenzione! In cantina ci sono molti topi.	*Vorsicht! Im Keller sind viele Mäuse.*

2. *Weinschenke; Weinausschank*
3. *Kellerei*

cantina sociale	*Winzergenossenschaft*

Kappe f.

1. (Mütze) *berretto*

Im Herbst und Winter dieses Jahres liegen eng anliegende Kappen wie in den 30er Jahren, Baskenkappen oder Pelzkappen im russischen Stil im Trend.	*Nella stagione autunno-inverno di quest'anno vanno di moda berretti aderenti come negli anni '30, baschi e berretti di pelliccia in stile russo.*

2. (Deckel) *coperchio;* (Verschluss) *tappo*

Verschlusskappe	*tappo a vite*

Karte f.

1. (Karteikarte) *scheda; cartellino; carta* [kein FF]

die grüne Karte die rote Karte	*la carta verde il cartellino rosso*

2. (Eintrittskarte) *biglietto*

Die Karten für die acht Uhr Vorstellung sind ausverkauft.	*I biglietti per lo spettacolo delle otto sono esauriti.*

3. (Fahrkarte) *biglietto*

eine Karte nach Rom	*un biglietto per Roma*

4. (Visitenkarte) *biglietto da visita*

Sie tauschten ihre Karten aus.	*Si scambiarono i biglietti da visita.*

5. (Postkarte, Ansichtskarte) *cartolina (postale; illustrata)*
6. (Speisekarte) *menù; lista; carta* [kein FF]

die Weinkarte	*la lista dei vini*

7. (Spielkarte) *carta (da gioco)* [kein FF]

ein Spiel Karten	*un mazzo di carte*

8. (Landkarte) *carta (geografica)* [kein FF]

cappa f.

1. *Cape*

romanzi di cappa e spada	*Mantel- und Degen-Romane*

2. (fig.) *Glocke*

una cappa di fumo	*eine Rauchglocke*

3. *Dunstabzug; Entlüftungshaube*

la cappa del camino	*Rauchfang*

carta f.

1. *Papier*

Il suo indirizzo è su quel foglio di carta.	*Seine Adresse ist auf diesem Blatt Papier.*

2. (Pl.) *Papiere*

L'investigatore si accorse che qualcuno aveva frugato tra le sue carte.	*Der Privatdetektiv bemerkte, dass jemand in seinen Papieren gekramt hatte.*

3. (Pl.) *Papiere;* (jur.) *Karte* [kein FF]; *Unterlagen*

Maria e Ilario si sposano presto. Stanno facendo le carte.	*Maria und Ilario werden bald heiraten. Sie bereiten gerade die Heiratsunterlagen vor.*

4. *Charta*

la Carta delle Nazioni Unite	*die Charta der Vereinten Nationen*

5. *(Speise-)Karte* [kein FF]
6. *(Spiel-)Karte* [kein FF]
7. *(Land-)Karte* [kein FF]

Kasino n.

1. *mensa ufficiali; circolo*[FF] *ufficiali*
2. (Spielkasino) *casinò*

Sie dürfen das Spielkasino nur mit Sakko[FF] und Krawatte betreten.	*Può entrare nel casinò solo con giacca e cravatta.*

Kasino

casino

Kasse f.

1. *cassa* [kein FF]

Krankenkasse Er ist immer knapp bei Kasse.	*cassa malattia Lui è sempre a corto di soldi.*

2. (Wirt.) *pronta cassa*
3. (Theat., Kino u. ä.) *biglietteria; botteghino*

Sie können die Karten an der Kasse abholen.	*Può ritirare i biglietti al botteghino.*

4. (kurz für „Sparkasse") *banca*[FF]

casino m.
1. *Puff; Bordell*
2. *Schlösschen; Haus*

casino di caccia	*Jagdschlösschen*

3. (ugs.) *Lärm; Krach; Radau; Durcheinander; verwickelte Lage*

Adesso finitela di fare casino!	*Jetzt hört auf Krach zu machen!*
È un bel casino!	*Das ist ein schöner Schlamassel!*

4. In der Sprache der Jugend wird „casino" als Adverb verwendet mit der Bedeutung „sehr".

Mi piace un casino.	*Es gefällt mir sehr.*
Ha speso un casino di soldi per quella vacanza in America.	*Er hat ein Schweinegeld für diesen Urlaub in Amerika ausgegeben.*

casinò m.
(Spiel-)Kasino

Ha perso una fortuna al casinò di Venezia.	*Er hat ein Vermögen im Spielkasino von Venedig verloren.*

cassa f.
1. *Kasse* [kein FF]

Si paga alla cassa.	*Man zahlt an der Kasse.*

2. *Kiste; Kasten*

Per spedire le bottiglie di vino è meglio imballarle in una cassa di legno.	*Um die Weinflaschen zu verschicken, ist es besser, sie in Holzkisten zu verpacken.*

3. *Gehäuse*

cassa dell'orologio	*Uhrgehäuse*

4. (Mus.) *Körper; Boden*

cassa di risonanza	*Resonanzboden*

Kollaborateur m.
collaborazionista

Nach dem Krieg wurden die Kollaborateure vor Gericht gestellt.	*Dopo la guerra i collaborazionisti furono processati.*

kollaborieren V. intr.
(Pol.) *collaborare* [kein FF]

Es kollaborierten mit den Nazis Beamte aus allen Ministerien.	*Collaborarono con i nazisti impiegati di tutti i ministeri.*

Kolonne f.
1. (Typographie, Chemie) *colonna* [kein FF]
2. (Reihe) *colonna* [kein FF]

die fünfte Kolonne	*la quinta colonna*

Kolumne f.
1. (in einer Zeitung) *rubrica*

Der Streit entstand, als der Bürgermeister in der Kolumne des Chefredakteurs scharf kritisiert wurde.	*La lite scoppiò dopo che il sindaco era stato pesantemente criticato nella rubrica del caporedattore.*

2. (Spalte) *colonna* [kein FF]

collaboratore m.
Mitarbeiter

L'avvocato non c'è, ma se vuole può parlare con il suo collaboratore.	*Der Anwalt ist nicht da, aber wenn Sie wollen, können Sie mit seinem Mitarbeiter sprechen.*

collaborare V. intr.
1. *zusammenarbeiten*

Le polizie di quattro paesi hanno collaborato per sgominare una pericolosa banda[FF] di mercanti di droga.	*Die Polizei von vier Ländern hat zusammengearbeitet, um eine gefährliche Bande von Drogenhändlern auszuheben.*

2. *mitarbeiten; mitwirken*

Hanno collaborato tutti al successo della manifestazione.	*Alle haben am Erfolg der Veranstaltung mitgearbeitet.*

3. *kollaborieren* [kein FF]

colonna f.
1. *Säule*

Il tetto è sostenuto da colonne doriche.	*Das Dach wird von dorischen Säulen getragen.*

2. (fig.) *Säule; Stütze*

L'industria è la colonna portante dell'economia tedesca.	*Die Industrie ist die tragende Säule der deutschen Wirtschaft.*

3. (Reihe) *Kolonne* [kein FF]; *Zug*

una colonna di carri armati	*eine Panzerkolonne*

4. (Typographie) *Kolumne; Kolonne* [kein FF]; *Spalte*

La notizia[FF] dell'incidente aereo era a quattro colonne.	*Die Nachricht über das Flugzeugunglück war vier Spalten lang.*

5. (Film) *Spur*

colonna sonora	*Tonspur*

Kompass m.
bussola

Sie konnten nichts sehen und konnten sich nur nach dem Kompass richten. Kompassrose	*Non vedevano niente e si potevano solo orientare consultando la bussola.* *la rosa dei venti*

Kompass

compasso

Kompost m.
compost [kein FF]; *terricciato; concime organico*

Komposthaufen	*mucchio di concime organico*

Konfekt n.
cioccolatini (farciti)

Das beste Konfekt der Stadt bekommt man in der Konditorei am Marienplatz.	*I migliori cioccolatini della città si possono comprare nella pasticceria a Marienplatz.*

Konfetti n. (Pl.)
coriandoli

Beim Faschingsball[FF] war der Saal voll bunter Konfetti.	*Al ballo[FF] di carnevale la sala era piena di coriandoli colorati.*

compasso m.
1. *Zirkel*[FF]

Ma che architetto è? Non sa fare un cerchio con il compasso.	*Was ist er denn für ein Architekt? Er kann nicht einmal einen Kreis mit dem Zirkel ziehen.*

2. *Bordkompass; Kreiselkompass*

Il capitano si affidava al compasso per trovare la rotta che conduceva allo stretto di Magellano.	*Der Kapitän verließ sich auf seinen Bordkompass, um die Schiffsroute zur Magellanstraße zu finden.*

composta f.
1. *Kompott*

una composta di ciliege	*ein Kirschkompott*

2. *Kompost* [kein FF]

composto m.
1. *Zusammensetzung* (auch Ling); *Mischung*
2. (Chemie) *Verbindung*

composto di cloro	*Chlorverbindung*

confetto m. (Pl. **confetti**)
1. *Zuckermandeln, die bei Hochzeiten, Taufen und ähnliche Feiern verteilt werden; Pariser Mandel; Mandelbonbon*

A quando i confetti?	*Wann ist die Hochzeit?*

2. (veraltet) *Konfekt* [kein FF]; *Praline*
3. (Med.) *Dragée*

Konkurs m.
1. (Wirt.) *fallimento*

> Er steht vor dem Konkurs.   *È sull' orlo del fallimento.*

2. (Wirt., jur.) *procedimento fallimentare*

Konkurs	*concorso*

konsequent Adj. / Adv.
1. Adj. *conseguente* [kein FF]; *logico; coerente*
2. Adj. (in Bezug auf Handlungen, Personen) *coerente*

> Sein Rücktritt wäre eine   *Le sue dimissioni sarebbero*
> konsequente Entscheidung.   *un' azione[FF] coerente.*

3. Adj. *costante; perseverante; convinto*

> Er ist schon seit zehn Jahren   *È un vegetariano convinto già da*
> konsequenter Vegetarier.   *dieci anni.*

4. Adv. *con costanza; con fermezza*

Konzept n.
1. *abbozzo; traccia*

> Wenige Redner können ohne   *Pochi oratori possono tenere un*
> Konzept reden.   *discorso senza appunti scritti.*

2. *programma; piano*

concorso m.
1. *Wettbewerb; Konkurrenz*

concorso di bellezza	*Schönheitswettbewerb*

2. *Mitwirkung; Zusammentreffen; Zusammenwirken*

Per un concorso di circostanze non è riuscito a finire il lavoro.	*Wegen einer Reihe von Umständen konnte er die Arbeit nicht beenden.*

3. (Sport) *Wettkampf; Turnier*

concorso ippico	*Reitturnier*

4. (jur.) *Beihilfe; Mittäterschaft*

È stato condannato per concorso in truffa.	*Er wurde wegen Beihilfe beim Betrug verurteilt.*

conseguente Adj.
1. *herrührend; herstammend; sich ergebend*

I danni conseguenti al terremoto sono ingenti.	*Die sich aus dem Erdbeben ergebenden Schäden sind sehr hoch.*

2. *darauf folgend; Folge-*

La lunga malattia e l'operazione conseguente lo avevano reso molto debole.	*Die lange Krankheit und die darauf folgende Operation hatten ihn sehr geschwächt.*

3. *konsequent* [kein FF]; *folgerichtig*

un ragionamento conseguente	*ein folgerichtiges Denken*

concetto m.
1. *Begriff; Vorstellung; Gedanke*

Ognuno ha un suo concetto della libertà.	*Jeder hat seine Vorstellung von Freiheit.*

2. *Meinung*

Ha un alto[FF] concetto di sé.	*Er hat eine hohe Meinung von sich.*

Korps n.

1. (Mil.) *corpo* [kein FF]

Armeekorps	*corpo d'armata*

2. (Pol.) *corpo* [kein FF]

Das diplomatische Korps der neu-gegründeten Republik musste noch gebildet werden.	*Il corpo diplomatico della repubblica appena fondata doveva ancora essere formato.*

Kostüm n.

1. (Kleidungsart) *costume* [kein FF]
2. (Verkleidung) *costume* [kein FF]; *maschera*

Karnevalskostüm	*costume da carnevale*

3. (Theat.) *costume* [kein FF]

Die Probe[FF] findet in Kostümen statt.	*La prova[FF] ha luogo in costume.*

4. (Damenbekleidung) *tailleur*

Auf der Modenschau in Mailand wurde das Kostüm vorgestellt, das der Modemacher Valentino für die Prinzessin von Monaco konzipiert hat.	*Alla sfilata di moda di Milano è stato presentato il tailleur che lo stilista Valentino ha disegnato per la principessa di Monaco.*

corpo m.

1. (allg.) *Körper*

Ha un bel corpo.	*Er hat einen schönen Körper.*
il linguaggio del corpo	*Körpersprache*

2. *Leiche; Leib*

Il corpo della vittima era sparito.	*Die Leiche des Opfers war verschwunden.*
Quel ragazzo ha il diavolo in corpo.	*Dieser Junge hat den Teufel im Leib.*

3. *Hauptteil*; *(Motor-)Block*; (Architektur) *Rohbau*

il corpo della nave	*der Schiffsrumpf*

4. *Körper(schaft)*; (Mil.; Pol.) *Korps* [kein FF]; *Truppe*

il corpo accademico[FF]	*der akademische Lehrkörper*
il corpo degli alpini	*das Korps der Alpenjäger*

5. (Lit.; Ling.) *Korpus* [kein FF]
6. (jur.) *Sammlung* [kein FF]

costume m.

1. *Anzug*

costume da bagno	*Badeanzug*

2. *Sitte; (Ge-)Brauch*

L'etnologia studia gli usi e costumi dei popoli.	*Die Ethnologie studiert die Sitten und Bräuche der Völker.*

3. *Gewohnheit*

Interrompeva sempre, come è suo costume.	*Er unterbrach ständig, wie es seine Gewohnheit ist.*

4. *Sitte; Anstand; Lebenswandel*

squadra del buon costume	*Sittenpolizei*
Era una donna di facili costumi.	*Sie war ein leichtes Mädchen.*

5. *Kostüm* [kein FF]

È andato alla festa in un costume da pirata.	*Er ist zum Fest in einem Piratenkostüm gegangen.*
in costume adamitico	*im Adamskostüm*

Kriminaler m.
funzionario di polizia giudiziaria

Kriminaler   *criminale*

kultiviert Adj. / Adv.
1. *colto; di cultura; istruito; distinto; educato*

Justus von Heidenfeld konnte die Gesellschaft kultivierter Menschen nicht ertragen: Er hatte Minderwertigkeitskomplexe, weil er das Abitur nicht geschafft hatte.	*Justus von Heidenfeld non sopportava la compagnia di persone colte: soffriva di complessi di inferiorità perché non era riuscito a fare la maturità.*

2. *raffinato; distinto; signorile*

Kur f.
cura [kein FF]; *trattamento*

Der Arzt verschrieb ihm eine Thermalkur gegen sein chronisches Rheuma.	*Il medico gli prescrisse una cura termale per porre rimedio ai suoi dolori reumatici cronici.*

criminale m. / f. / Adj.
1. Als Substantiv: *Verbrecher; Krimineller*

È un criminale incallito.	*Er ist ein abgebrühter Verbrecher.*

2. Adj. *Kriminal-*

antropologia criminale	*Kriminalanthropologie*

3. Adj. *kriminell; verbrecherisch*

un'organizzazione criminale	*eine verbrecherische Organisation*

coltivato Adj.
1. (Landwirtschaft) *bestellt; bebaut*

campi coltivati a patate	*mit Kartoffeln bebaute Felder*

2. *gezüchtet; Zucht*

perla coltivata	*Zuchtperle*

cura f.
1. (Med.) *Kur* [kein FF]; *Behandlung*

È in cura da un famoso[FF] specialista.	*Er ist in Behandlung bei einem bekannten Spezialisten.*

2. *Sorgfalt*

maneggiare con cura	*sorgfältig behandeln*

3. *Pflege; Sorge; Aufmerksamkeit; Fürsorge*

le cure materne	*die mütterliche Pflege*

4. *Interesse; Sorge*

Il denaro è la sua unica cura.	*Das Geld ist seine einzige Sorge.*

kurios Adj.
curioso [kein FF]; *strano; insolito; bizzarro; fantastico*

Die ganze Geschichte ist kurios. Das ist aber kurios! So was habe ich noch nie gehört.	*L'intera storia è bizzara. Ma guarda che curioso! Una cosa del genere non l'ho mai sentita.*

Kurs m.
1. (Flugzeug, Schiff) *rotta;* (fig.) *corso* [kein FF]; *indirizzo*

Die Flugzeugentführer nahmen Kurs nach Damaskus.	*I dirottatori fecero rotta su Damasco.*

2. (Sport) *percorso di gara*
3. *corso* [kein FF]; *quotazione; cambio*

schwankender Kurs Dieses Geld ist außer Kurs.	*corso variabile Questi soldi sono fuori corso.*

4. (Lehrgang) *corso* [kein FF]

Brigitte hatte schon vier Italienisch- kurse besucht, aber der Erfolg ließ auf sich warten. Sie war immer noch nicht im Stande, in Italien ein Hotelzimmer zu buchen.	*Brigitte aveva già frequentato quattro corsi di italiano, ma i risultati stentavano a venire. Non era ancora in grado di prenotare una stanza d'albergo in Italia.*

5. (Verlauf) *corso* [kein FF]; *decorso*

curioso Adj.
1. *neugierig; (wiss)begierig*

Sei curioso come un gatto.	*Du bist neugierig wie eine Katze.*

2. *neugierig; schaulustig*

Sul luogo dell'incidente c'erano molti passanti curiosi.	*Am Unfallort waren viele schaulustige Passanten.*

3. *kurios* [kein FF]; *sonderbar; komisch; eigenartig*

Guarda che curioso! Un gatto che nuota!	*Schau wie eigenartig! Eine Katze, die schwimmt!*

corso m.
1. *Korso; Prachtstraße*

Andarono a passeggiare per il corso.	*Sie gingen auf der Prachtstraße spazieren.*

2. *Korso; (Um-)Zug*

un corso mascherato	*ein Maskenumzug*

3. *Lauf; Verlauf*

il corso del fiume	*der Flusslauf*

4. *Kurs* [kein FF]; *Kursus*

I corsi all'università cominciano in ottobre.	*Die Universitätsvorlesungen beginnen im Oktober.*

5. *Umlauf; Kurs* [kein FF]
6. (Med.) *Verlauf*; (Wirt.) *Ablauf, Gang;* (fig.; Pol.) *Richtung, Kurs* [kein FF]

Il medico osservò con attenzione il corso della malattia.	*Der Arzt beobachtete aufmerksam den Verlauf der Krankheit.*

Lager n.
1. (Mil.) *accampamento; campo*
2. (Lit., für „Bett") *giaciglio; letto*
3. (Jagd) *tana; covo*

das Fuchslager	*la tana della volpe*

4. (Pol.) *campo; schieramento*
5. *magazzino; deposito*

Sie bekommen die Ware frei Lager.	*Lei riceve la merce franco magazzino.*

Lametta n.
1. *fili d'argento per l'albero di Natale*
2. (ugs. scherzhaft für „billigen Schmuck oder Medaillen") *patacche*

Lazarett n.
(Med.; Mil.) *ospedale militare*

MASH, die Fernsehserie über ein amerikanisches Lazarett während des Koreakrieges, hat immer noch großen Erfolg.	*MASH, la serie televisiva che tratta di un ospedale militare americano durante la guerra di Corea, continua ad avere successo.*

leger Adj. / Adv.
1. (Benehmen) *naturale; disinvolto; non affettato;* (Adv.) *con disinvoltura*
2. (Umgang) *trascurato; negligente; incurante;* (Adv.) *alla leggera*
3. (Kleidung) *comodo; ampio; négligé*

Für die Reise kann man sich leger kleiden.	*Per il viaggio ci si può vestire comodamente.*

lager m.
Straflager; Konzentrationslager; Internierungslager

Nessuno potrà mai dimenticare la tragedia dei lager nazisti.	*Niemand wird je die Tragödie der Nazi-Lager vergessen können.*

lametta f.
(Rasier-)Klinge

Ormai il rasoio elettrico ha preso il posto della vecchia lametta da barba.	*Der elektrische Rasierapparat hat mittlerweile die alte Rasierklinge ersetzt.*

lazzaretto m.
Seuchenkrankenhaus; Seuchenstation

Gli appestati furono portati in un lazzaretto.	*Die Pestkranken wurden in ein Seuchenkrankenhaus gebracht.*

leggero Adj.
1. *leicht*

Non sei pesante, anzi, sei leggera come una piuma. atletica leggera	*Du bist doch nicht schwer, im Gegenteil, du bist leicht wie eine Feder.* *Leichtathletik*

2. *leicht; geringfügig; klein; leise; sanft*

Ha avuto una leggera influenza ma ora sta bene.	*Er hat eine leichte Grippe gehabt, aber jetzt geht es ihm gut.*

3. *leicht; flatterhaft; unbeschwert*

una ragazza leggera	*ein leichtes Mädchen*

Lektor m.
1. (Universität) *lettore* [kein FF]
2. (in einem Verlag) *consulente editoriale; redattore; editor*

Viele Germanistikstudenten träumen davon, Lektor in einem Verlag zu werden.	*Molti studenti di germanistica sognano di diventare redattori in una casa editrice.*

3. (Rel.) *lettore* [kein FF]

Liga f.
1. *lega* [kein FF]
2. (Sport) *serie*

Leider ist unsere Mannschaft in die zweite Liga abgestiegen.	*Purtroppo la nostra squadra è scesa in serie B.*

Limone f.
limetta

Im Garten stand ein Limonenbaum.	*C'era un albero di limetta nel giardino.*

Lotto n.
1. (Glücksspiel) *lotto* [kein FF]

Lottospieler können ihr Glück demnächst im Internet versuchen.	*I giocatori del lotto potranno tra breve tentare la fortuna in internet.*

2. (Gesellschaftsspiel) *tombola*

lettore m.

1. *Leser*

Mario era un lettore accanito.	*Mario war eine Leseratte.*
I libri dello scrittore siciliano Andrea Camilleri sono un piacere per ogni lettore di gialli.	*Die Bücher des sizilianischen Schriftstellers Andrea Camilleri sind eine Freude für jeden Krimileser.*

2. *Vorleser*
3. (Universität) *Lektor* [kein FF]
4. (Techn.) *Lesegerät*
5. (Rel.) *Lektor* [kein FF]

lega f.

1. *Bündnis; Bund; Union; Verband; Liga* [kein FF]

Lega Nord	*Liga Nord*
Lega anseatica	*Hansebund*

2. *gemeinsame Sache*

Gli abitanti del condominio hanno fatto lega contro l'amministrazione.	*Die Bewohner des Hauses haben sich gegen die Verwaltung zusammengetan.*

3. (Chemie) *Legierung*

lega in argento	*Silberlegierung*

limone m.

Zitrone; Zitronenbaum

succo di limone	*Zitronensaft*

lotto m.

1. *Lotto(spiel)* [kein FF]

Che bella macchina[FF]! Hai vinto al lotto?	*Was für ein schönes Auto! Hast du im Lotto gewonnen?*

2. *Anteil; (Land-)Parzelle; (Waren-)Posten; Partie*

Il terreno fu diviso in quattro lotti.	*Das Land wurde in vier Parzellen geteilt.*

Lüster m.

1. (Kronleuchter) *lampadario*

Die Lüster des Nationaltheaters sind sehr alt[FF].	*I lampadari del Teatro Nazionale sono molto vecchi.*

2. (Glanzüberzug) *smalto*
3. (Textil) *alpaca*

luxuriös Adj. / Adv.

lussuoso; di lusso; sontuoso

Die luxuriöseste Villa in Hollywood war ihm nicht groß genug.	*La villa più lussuosa di Hollywood non era abbastanza grande per lui.*

lustro m. / Adj.
1. Als Substantiv (Lit.): *Ruhm; Ehre; Stolz; Zierde*

«Fulmine» era il lustro della sua scuderia.	*„Fulmine" war der Stolz seines Reitstalls.*

2. Als Substantiv: *Lustrum; Zeitraum von fünf Jahren*
3. Adj. *poliert, blank*

lussurioso Adj.
geil; wollüstig; lüstern; unzüchtig; zügellos

Il film erotico «Vampiri lussuriosi» è stato un fiasco.	*Der erotische Film „Wollüstige Vampire" ist ein Fiasko gewesen.*

luxuriös

lussurioso

Maestro m.

(Mus.) *maestro* [kein FF]

Puccini, der berühmte italienische Komponist, war sehr zerstreut. Der Maestro übersandte einmal an Toscanini anlässlich seines Geburtstags ein kleines Geschenkpaket mit Backwaren. Er hatte aber vergessen, dass er mit dem Dirigenten[FF] gerade zerstritten war. Sofort veranlasste er ein Telegramm: „Paket[FF] versehentlich abgeschickt – stop!". Toscanini drahtete umgehend zurück: „Backwaren versehentlich aufgegessen – stop!" Und damit war das gute Einvernehmen wieder hergestellt.	*Puccini, il famoso compositore italiano, era molto distratto. Una volta il maestro spedì a Toscanini un pacchetto regalo con dei dolci in occasione del suo compleanno. Aveva però dimenticato di essere in lite con il direttore d'orchestra. Subito fece mandare un telegramma: «Pacchetto spedito per sbaglio – stop!» Toscanini gli rispose subito con un telegramma: «Dolci mangiati per sbaglio – stop!» Così si ristabilì il buon accordo[FF].*

Magazin n.

1. *magazzino* [kein FF]; *deposito*
2. (Techn. bei Waffen) *caricatore*
3. (Zeitschrift) *rotocalco; rivista*

Soll man glauben, was die Magazine schreiben?	*Si deve credere a quello che scrivono i rotocalchi?*

4. (Radio; TV) *programma di attualità*

Zu Hause wird oft wegen des Fernsehens gestritten: Er möchte immer Politmagazine sehen, sie dagegen nur Spielfilme und Serien.	*A casa si litiga spesso per la televisione: lui vuole sempre vedere programmi di attualità politica, lei invece solo sceneggiati e film.*

maestro m.
1. *Meister; Experte*

| È un maestro nell'inventare storie. | *Er ist ein Meister im Erfinden von Geschichten.* |

2. (Kunst) *Meister*

| i Maestri della pittura fiamminga | *die Meister der flämischen Malerei* |

3. (Mus.) *Maestro* [kein FF]
4. (Handwerker) *Meister*

| maestro muratore | *Maurermeister* |

5. *Lehrer; Grundschullehrer*

| Ha fatto il maestro per quarant'anni. | *Er ist vierzig Jahre lang Schullehrer gewesen.* |

6. (fig.) *Kapazität; Leuchte*

| È un maestro nel suo campo. | *Er ist eine Kapazität in seinem Fach.* |

7. (fig.) *(Lehr-)Meister*

| Il dolore è maestro di virtù | *Der Schmerz ist der Lehrmeister der Tugend.* (Italienisches Sprichwort) |

magazzino m.
1. *Magazin* [kein FF]; *(Waren-)Lager^{FF}; Lagerhaus*

| Oggi è chiuso per inventario di magazzino. | *Heute ist geschlossen wegen Lager^{FF}inventur.* |

2. *Sortiment*

| Il nostro negozio ha un magazzino ben fornito. | *Unser Laden hat ein großes Sortiment.* |

3. *Kaufhaus; Warenhaus*

| I grandi magazzini «La Rinascente». | *Die Kaufhäuser „La Rinascente".* |

Manifest n.

manifesto [kein FF]; *programma*

Marx' 1848 erschienenes „Manifest der kommunistischen Partei" wird als ein Meisterstück der politischen Propaganda[FF] betrachtet.	*Il «Manifesto del partito comunista» di Karl Marx, apparso nel 1848, viene considerato come una delle opere di propaganda[FF] politica più riuscite.*

manifestieren V. tr. / V. refl.

1. V. tr. (Lit.) *manifestare* [kein FF]

Die Mutter manifestierte ihre Unzufriedenheit, als sie erfuhr, dass der Sohn eine zehn Jahre ältere Frau heiraten wollte.	*La madre segnalò disapprovazione al sentire che il figlio intendeva sposare una donna dieci anni più anziana di lui.*

2. V. refl. *manifestarsi* [kein FF]

Mappe f.

1. *cartella; borsa*
2. *cartella*

Akten[FF]mappe	*cartella per documenti*

Mappe

mappa

manifesto m.

1. *Plakat; Bekanntmachung*

I manifesti pubblicitari di Oliviero Toscani hanno suscitato molte polemiche.	*Die Werbeplakate von Oliviero Toscani haben viele Diskussionen ausgelöst.*

2. *Manifest* [kein FF]

il Manifesto Futurista	*das futuristische Manifest*

manifestare V. tr. / V. intr. / V. refl.

1. V. tr. *äußern; kundtun; bekunden; zeigen;* (Lit.) *manifestieren* [kein FF]

Il presidente Scalfaro ha manifestato chiaramente la propria opinione.	*Der Präsident Scalfaro hat deutlich seine Meinung geäußert.*

2. V. intr. *demonstrieren[FF]; an einer Kundgebung teilnehmen*

Gli studenti[FF] hanno manifestato contro i tagli nel settore educativo.	*Die Studenten[FF] haben gegen die Kürzungen im Bildungsbereich demonstriert[FF].*

3. V. refl. *sich zeigen; sich erweisen; sich äußern;* (Lit.) *sich manifestieren* [kein FF]

mappa f.

1. *Karte[FF]; Plan*

la mappa del tesoro	*Schatzplan*

2. *Karte[FF]; Atlas*

la mappa della città	*der Stadtplan*

3. (fig.) *Topographie; Plan; Konstellation; Landschaft*

Maschine f.
1. (allg.) *macchina* [kein FF]
2. *aereo; aeroplano; apparecchio*

Wann fliegt die nächste Maschine nach Rom?	*Quando c' è il prossimo volo per Roma?*

3. (ugs.) *moto; motocicletta*

Die Harley Davidson ist eine tolle Maschine.	*L' Harley Davidson è una bella moto.*

4. (ugs.) *motore*

massiv Adj. / Adv.
1. *massiccio* [kein FF]
2. (fig.) (in Bezug auf Art und Weise, Benehmen u. ä.) *rude, rozzo, grossolano;* (in Bezug auf Kritik, Beschuldigung u. ä.) *pesante, grave;* (in Bezug auf Druck) *forte*

Werde bloß nicht massiv.	*Non diventare grossolano.*

Messe f.
1. (Rel.) *messa* [kein FF]
2. (Mus.) *messa* [kein FF]
3. *fiera; mostra*

Mailand besitzt in der „Fiera di Milano" seit 1920 die größte Messe Italiens für Industrieerzeugnisse mit über 15.000 Ausstellern, davon etwa 4.000 aus dem Ausland.	*Milano ha dal 1920 con la «Fiera di Milano» la più grande fiera italiana per prodotti industriali con più di 15000 espositori di cui 4000 provenienti dall' estero.*

macchina f.
1. *Maschine* [kein FF]; *Apparat*[FF]

macchina da cucire	*Nähmaschine*
macchina da scrivere	*Schreibmaschine*

2. *Auto; Wagen*

macchina da corsa	*Rennwagen*

3. (fig.) *Apparat*[FF]

la macchina amministrativa	*der Verwaltungsapparat*[FF]

4. *Maschinerie; Getriebe*

La macchina della burocrazia funziona lentamente.	*Die Maschinerie der Bürokratie funktioniert langsam.*

massiccio Adj.
1. *massiv* [kein FF]

Questo armadio è di quercia massiccia.	*Dieser Schrank ist massiv Eiche.*

2. (in Bezug auf Körperbau) *kräftig; stämmig;* (ugs.) *untersetzt; kompakt*

una corporatura massiccia	*ein kräftiger Körperbau*

messa f.
1. (Rel.) *Messe* [kein FF]

Il Papa ha celebrato la messa pasquale davanti a migliaia di fedeli[FF].	*Der Papst hat die Ostermesse vor Tausenden von Gläubigen gehalten.*

2. (Mus.) *Messe* [kein FF]

Moderation f.

1. (Radio, TV) *conduzione*

Die Qualität einer Fernsehdebatte hängt sehr stark von der Moderation ab.	*La riuscita di un dibattito televisivo dipende in gran parte dalla conduzione.*

2. (Mäßigung, veraltet) *moderazione* [kein FF]

morbid Adj.

1. (Lit.) *malato; malaticcio*
2. (moralisch) *putrido; marcio; malsano*

eine morbide Gesellschaft	*una società marcia*

3. *morboso*

In Thomas Manns Romanen überwiegt oft eine morbide Atmosphäre.	*Nei romanzi di Thomas Mann prevale spesso un' atmosfera morbosa.*

moderazione f.
Mäßigung; Zurückhaltung

Il vino non fa male se bevuto con moderazione.	*Der Wein schadet der Gesundheit nicht, wenn man ihn mäßig trinkt.*

morbido Adj.
1. *weich*

morbido come il burro	*butterweich*

2. *geschmeidig; weich*

Questa stoffa è molto morbida.	*Dieser Stoff ist sehr weich.*

3. *zart*

I tratti del suo viso erano morbidi.	*Ihre Gesichtszüge waren zart.*

4. *freundlich; gefällig; nachgiebig; weich*

È troppo morbido con i suoi figli.	*Er ist zu nachgiebig mit seinen Kindern.*

naiv Adj. / Adv.
1. Adj. *ingenuo; candido; innocente*

Sie machte trotz ihrer großen Lebenserfahrung manchmal einen sehr naiven Eindruck.	*Nonostante la sua grande esperienza talvolta sembrava proprio[FF] ingenua.*

2. Adj. (Lit.) *ingenuo; primitivo*

naive Dichtung	*poesia ingenua*

3. Adj. (negativ) *ingenuo; sprovveduto; semplicione*

Er ist wirklich naiv und glaubt an alles, was man ihm sagt.	*È veramente un semplicione: crede a ogni cosa che gli si dica.*

4. Adj. (Kunst) *naif* [kein FF]
5. Adv. *in modo ingenuo; ingenuamente*

Viele glaubten naiv den Versprechungen der Politiker.	*Molti credevano ingenuamente alle promesse dei politici.*

6. Adv. (negativ) *da ingenuo; da sprovveduto*

nett Adj. / Adv.
1. *gentile; amabile; carino; simpatico*
2. *grazioso; carino*

Die neue Kollegin ist ein sehr nettes Mädchen.	*La nuova collega è una ragazza molto carina.*

3. *piacevole*

ein netter Abend	*una serata piacevole*

4. (ugs.) *bello*

Das ist ein netter Freund!	*Bell'amico!*

netto Adj. / Adv.
1. (Wirt. von Gewicht) *(al) netto* [kein FF]

Nettogewicht	*peso (al) netto*

2. (Wirt.) *netto* [kein FF]

Nettopreis	*prezzo netto*

naif Adj.
1. (Kunst) *naiv* [kein FF]

Il pittore naif Ligabue ottenne uno straordinario successo di pubblico all'inizio degli anni settanta.	*Der naive Maler Ligabue hatte Anfang der Siebziger Jahre einen sensationellen Erfolg.*

2. *einfach; schlicht*

la moda naif	*schlichte Mode*

netto Adj. / Adv.
1. Adj. *rein; sauber*

La sua casa era netta ed ordinata.	*Sein Haus war sauber und aufgeräumt.*

2. Adj. *klar*

L'opposizione ha risposto con un netto no alle proposte di compromesso del governo.	*Die Opposition hat mit einem klaren Nein die Kompromissvorschläge der Regierung abgelehnt.*

3. Adj. *deutlich*

Il suo aspetto fragile era in netto contrasto con il suo carattere forte.	*Ihr zartes Aussehen stand in deutlichem Gegensatz zu ihrem starken Charakter.*

4. Adj. (Wirt.) *Netto-* [kein FF]; *Rein-*

reddito netto	*Nettoeinkommen*

5. Adv. *deutlich; klipp und klar*

Nonne f.
1. (Rel.) *suora; monaca*

ein Nonnenkloster	*un convento di suore*

2. (Zool.) *limantria; monaca*

Note f.
1. (Mus.) *nota* [kein FF]
2. (Pl. Noten; Mus.) *musica; spartito*

Er spielt sehr gut Klavier, aber nur nach Noten.	*Suona molto bene il pianoforte ma solo con lo spartito.*

3. (in der Schule) *voto*

Sie hat in Mathematik die Note 1 bekommen.	*Ha preso 10 in matematica.*

4. (Banknote) *banconota*
5. (Charakteristik) *nota* [kein FF]

Der Seidenschal^FF fügt dem Kleid eine elegante Note hinzu.	*La sciarpa di seta aggiunge all'abito una nota elegante.*

Note

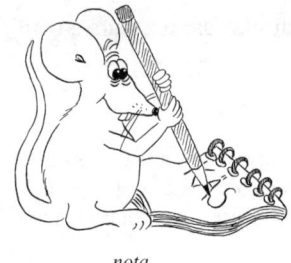

nota

Notiz f.
1. *nota^FF ; appunto*

Der Kommissar stellte viele Fragen und machte sich Notizen.	*Il commissario fece molte domande e prese appunti.*

2. *notizia (di giornale)* [kein FF]

Die Zeitung bringt nur eine kurze Notiz über seinen Tod.	*Il giornale riporta solo una breve notizia sulla sua morte.*

nonna f.
1. *Großmutter*

Un giorno Cappuccetto Rosso andò a trovare la nonna.	*Eines Tages ging Rotkäppchen ihre Oma besuchen.*

2. *alte Frau; Oma*

nota f.
1. *Anmerkung; Notiz[FF]*

Quando il professor Marini teneva lezione nessuno prendeva nota.	*Wenn Professor Marini seine Vorlesungen hielt, machte sich keiner Notizen.*

2. *Anweisung*

nota di servizio	*Dienstanweisung*

3. (in der Schule) *Eintrag (ins Klassenbuch)*

«Chi disturba la lezione si prende una nota sul registro!»	*„Wer den Unterricht stört, bekommt einen Eintrag ins Klassenbuch!"*

4. *Erläuterung; Fußnote*

Alcuni passi[FF] della Divina Commedia si possono capire solo leggendo le note a piè di pagina.	*Einige Passagen[FF] der Göttlichen Komödie kann man nur verstehen, wenn man die Fußnoten liest*

5. *Aufstellung; Verzeichnis*
6. (Mus.) *Note* [kein FF]
7. *Rechnung; Honorar*

nota di accredito	*Gutschrift*

notizia f.
1. *Nachricht; Meldung*

Ho due notizie, una buona e una cattiva. Spero di ricevere presto tue notizie.	*Ich habe zwei Nachrichten, eine gute und eine schlechte. Ich hoffe, bald von dir zu hören.*

2. *Auskunft; Information; Angabe; Notiz* [kein FF]

notizie bibliografiche	*bibliographische Angaben*

obligat Adj.

1. *immancabile; inevitabile; di turno*

Sie war eine ältere Dame, sehr elegant gekleidet und mit der obligaten Perlenkette.	*Era una signora anziana vestita molto elegantemente e con l'inevitabile collana di perle.*

2. (veraltet) *d'obbligo; obbligatorio; obbligato* [kein FF]

obskur Adj.

1. (fig.) *oscuro^{FF}; incomprensibile*

An dieser Stelle wird die Theorie von Heidegger obskur.	*In questo punto la teoria di Heidegger diventa incomprensibile.*

2. (suspekt) *oscuro* [kein FF]; *ambiguo; sospetto; dubbio*

Er war eine obskure Person, die in noch obskureren Geschäften verwickelt war.	*Era un individuo sospetto coivolto in affari ancora più sospetti.*

oral Adj. / Adv.

1. Adj. (Ling.; Med.; Psychologie) *orale* [kein FF]

orale Phase	*la fase orale*

2. Adv. *oralmente;* (Med.) *per via orale*

Dieses Medikament wird nur oral verwendet.	*Questa medicina si prende solo per via orale.*

obbligato Adj.
1. (Als P.P von „obbligare") *gezwungen*

Il presidente è stato obbligato a dimettersi.	*Der Präsident wurde zum Rücktritt gezwungen.*

2. *verpflichtet*

Non è obbligato ad aiutarci.	*Er ist nicht verpflichtet, uns zu helfen.*

3. *(zu Dank) verpflichtet*
4. *obligatorisch; vorgeschrieben;* (selten) *obligat* [kein FF]

un passo^{FF} obbligato	*ein obligatorischer Schritt*

oscuro Adj.
1. *finster; dunkel*

È stato aggredito in un vicolo oscuro.	*Er wurde in einer dunklen Gasse überfallen.*

2. (fig.) *obskur* [kein FF]; *dunkel; finster; unklar*

Usa un linguaggio oscuro che nessuno capisce. oscuri presagi	*Er verwendet eine unklare Sprache, die keiner versteht. dunkle Vorahnungen*

3. *verdächtig; obskur* [kein FF]
4. *dunkel; unbekannt*

Si tratta di un episodio ancora oscuro della nostra storia.	*Es handelt sich um eine noch unbekannte Episode unserer Geschichte.*

orale Adj.
1. *Mund-*

cavità orale	*Mundhöhle*

2. *mündlich*

L'esame^{FF} orale avrà luogo venerdì 6 novembre.	*Die mündliche Prüfung wird am Freitag den 6. November stattfinden.*

3. (Ling.; Med.; Psychologie) *oral* [kein FF]

ordinär Adj. / Adv.

1. (Art und Weise) *ordinario* [kein FF], *volgare, rozzo;* (in Bezug auf Personen) *grossolano, villano;* (in Bezug auf Sachen) *triviale*[FF]

| Keiner konnte über seine ordinären Witze lachen. | *Nessuno trovava divertenti le sue battute volgari.* |

2. (Qualität) *ordinario* [kein FF], *dozzinale, di poco pregio;* (in Bezug auf Parfüm) *sgradevole*

| Im eleganten Lokal fiel sie wegen ihrer ordinären Kleidung und der rotgefärbten Haare auf. | *In quell' elegante locale lei dava nell' occhio a causa del suo abbigliamento dozzinale e dei capelli tinti di rosso.* |

Organ n.

1. (Anatomie) *organo* [kein FF]

| Ein Kunstherz, das dauerhaft ein natürliches Organ ersetzt, funktioniert bis heute nicht. | *Un cuore artificiale che sostitusca a lunga durata un organo naturale non funziona ancora.* |

2. (Verwaltung; Pol.) *organo* [kein FF]; *organismo; istituzione*

| Ugo Longo, der Präsident der Antidoping Kommission des Nationalen Olympischen Komitees Italiens, hat seinen Rücktritt erklärt. Das Organ war zuletzt mit dem Doping Skandal in Verbindung gebracht worden. | *Ugo Longo, il presidente della Commissione Antidoping del Comitato Olimpico Nazionale Italiano, ha rassegnato le dimissioni. L'istituzione era stata ultimamente collegata con lo scandalo antidoping.* |

3. (Presse) *organo* [kein FF]

| das Organ der Opposition | *l' organo dell' opposizione* |

4. (ugs.) *disposizione; capacità*
5. (ugs.) *voce; timbro di voce*

| ein schönes Organ | *una bella voce* |

ordinario Adj.
1. *alltäglich; üblich; normal; ordentlich;* (in Bezug auf Personen)
Durchschnitts-

È una cosa di ordinaria amministrazione.	*Es ist eine alltägliche Sache.*

2. *ordentlich*

un professore ordinario	*ein ordentlicher Professor*

3. *gewöhnlich; mittelmäßig;* (selten) *ordinär* [kein FF]

Per questa roba^{FF} ordinaria hai pagato troppo.	*Für dieses billige Zeug hast du zu viel bezahlt.*

4. *ordinär* [kein FF]; *gewöhnlich; unanständig*

Che persona ordinaria!	*Was für eine ordinäre Person!*

organo m.
1. (Anatomie) *Organ* [kein FF]

Scienziati dell'università di Berlino sostengono che «l'organo di Jakobson», lungo appena otto millimetri e largo due, faccia sì che ci sentiamo attratti da determinate persone.	*Wissenschaftler der Berliner Universität behaupten, dass das knapp acht Millimeter lange und zwei Millimeter breite „Jakobsonsche Organ" dafür sorgt, dass wir uns zu bestimmten Menschen hingezogen fühlen.*

2. (Pol.; Verwaltung) *Organ* [kein FF]

organo consultorio	*Beratungsorgan*
organo di partito	*Parteiorgan*

3. (Presse) *Organ* [kein FF]

Gli organi di stampa italiani più importanti sono «La Repubblica», il «Corriere della Sera», la «Gazzetta dello Sport», «La Stampa», «Il Sole–24 Ore».	*Die wichtigsten italienischen Presseorgane sind „La Repubblica", „Corriere della Sera", „Gazzetta dello Sport", „La Stampa", „Il Sole – 24 Ore."*

4. (Mus.) *Orgel*

organo elettrico	*elektrische Orgel*

5. (Techn.) *Teil; Vorrichtung*

Pack m. / n.

1. Als männliches Substantiv (selten): *pacco* [kein FF]

ein Pack Bücher	*un pacco di libri*

2. Als neutrales Substantiv: *gentaglia; marmaglia; banda* [FF]

So ein Pack!	*Che marmaglia!*

Paket n.

1. *pacco* [FF]*; pacchetto* [kein FF]

Unter dem Weihnachtsbaum lagen viele bunte Pakete.	*Sotto l'albero di Natale c'erano molti pacchetti colorati.*

2. (Packung) *pacco* [FF]*; pacchetto* [kein FF]; *scatola*

ein Paket Kekse	*un scatola di biscotti*

3. (Wirt.; Pol.) *pacchetto* [kein FF]

Palette f.

1. *tavolozza*

Vom Unverständnis der Kritiker enttäuscht, legte er Pinsel und Palette beiseite und nahm eine Lehrerstelle an.	*Deluso dell'incomprensione dei critici abbandonò pennello e tavolozza ed accettò un posto di maestro.*

2. (fig.) *gamma (cromatica); tavolozza*

eine bunte Palette von Nuancen	*una ricca gamma di sfumature*

3. *gamma; ricca scelta*

Das Restaurant „Argentina" verwöhnt seine Gäste mit einer breiten Palette von köstlichen Speisen.	*Il ristorante «Argentina» vizia i suoi clienti con una ricca scelta di piatti deliziosi.*

4. (Techn.) *paletta; palett* [kein FF]

pacco m.
Paket; Pack [kein FF]

pacco postale	*Postpaket*

pacchetto m.
1. *kleines Paket; Päckchen*

Un pacchetto di sigarette e dei fiammiferi, per favore.	*Ein Päckchen Zigaretten und Streichhölzer, bitte.*

2. (Wirt.; Pol) *Paket* [kein FF]

pacchetto fiscale	*Steuerpaket*
pacchetto azionario	*Aktienpaket*
un pacchetto di riforme	*ein Reformpaket*

paletta f.
1. *(kleine) Schaufel*

I bambini giocavano sulla spiaggia con la paletta e il secchiello.	*Die Kinder spielten am Strand mit Schaufel und Eimerchen.*

2. *Kelle; Signalscheibe; Signalstab*

Il capostazione alzò la paletta ed il treno partì.	*Der Bahnhofsvorsteher hob die Signalscheibe und der Zug fuhr ab.*

3. *Tortenheber; Kuchenschaufel*

paletta da cucina	*Bratenwender*

4. (Techn.) *(Turbinen-)Schaufel; (Leit-)Schaufel*
5. (Techn.) *Palette* [kein FF]

Palette

paletta

Papp m.
pappa [kein FF]

Mehlpapp	*pappa di semolino*

Pappe f.
1. *cartone*

Pappschachtel	*scatola di cartone*

2. In der Redewendung „von Pappe sein": *essere buono*

Das Jahr 1997 war für die Automobilbranche nicht von Pappe.	*Il 1997 è stato un buon anno per il settore automobilistico.*

parat Adj. / Adv.
pronto; a disposizione; a portata di mano

Er hat immer eine Ausrede parat. Hast du einen Stift parat?	*Ha sempre una scusa pronta. Hai una penna a portata di mano?*

parieren V. tr. / V. intr.
1. V. tr. *parare* [kein FF]; *parare il colpo*

Er parierte den Schlag.	*Parò il colpo.*

2. V. intr. *ubbidire (senza obiezioni); rigar dritto*

Wenn der Direktor etwas sagte, parierten alle.	*Quando il direttore diceva una cosa tutti ubbidivano senza obiezioni.*

pappa f.
1. *Brei; Mus; Papp* [kein FF]

Maria sta preparando la pappa per il bambino.	*Maria bereitet gerade den Brei für das Baby zu.*
pappa d'avena	*Haferbrei*
un pappa molle	*ein Weichling*

2. (negativ konnotiert) *Pampe; Brei*

Ma cos'è questa pappa?	*Was ist das für eine Pampe?*

3. *Futter*

parato Adj.
geschmückt; behängt; hergerichtet

Tutta la città era parata a festa.	*Die ganze Stadt war festlich geschmückt.*

parare V. tr. / V. refl.
1. V. tr. *behängen; herrichten; schmücken*
2. V. tr. *parieren* [kein FF]; *abwehren; halten*

Il portiere ha parato il pallone senza difficoltà.	*Der Torwart hat ohne Probleme den Ball[FF] pariert.*

3. V. refl. *sich schützen*

Quando scoppiò il temporale si parò con un giornale per non bagnarsi completamente.	*Als das Gewitter ausbrach, schützte er sich mit einer Zeitung, um nicht vollständig nass zu werden.*

4. V. refl. *sich in den Weg stellen*

Mi si è parato davanti all'improvviso spaventandomi a morte.	*Er hat sich mir plötzlich in den Weg gestellt und mich zu Tode erschreckt.*

Parole f.

1. (Mil.) *parola d'ordine*

Wie heißt die Parole?	*Qual è la parola d'ordine?*

2. *slogan; motto*

politische Parolen	*slogan politici*

3. *pettegolezzi; calunnie; maldicenze; voci*

Er verbreitet lügnerische Parolen.	*Diffonde voci menzognere.*

Partie f.

1. *parte*

Für die empfindlicheren Körper-partien muss die Seife mild sein.	*Per le parti più delicate del corpo ci vuole un sapone delicato.*

2. (Rolle) *parte*

1957 sang Maria Callas die Partie der Rosina in „Der Barbier von Sevilla" und begeisterte die Kritiker.	*Nel 1957 Maria Callas cantò la parte di Rosina ne «Il barbiere di Siviglia» entusiasmando i critici.*

3. (Sport; Spiel) *partita* [kein FF]

eine Partie Schach	*una partita a scacchi*

4. (Wirt.) *partita* [kein FF]

eine Partie Bleistifte	*una partita di matite*

5. *partito*

Sie zog die gute Partie dem gelieb-ten, aber armen Mann vor.	*Preferì il buon partito all'uomo amato ma povero.*

parola f.

1. *Wort*

Sai cosa vuol dire questa parola?	*Weißt du, was dieses Wort bedeutet?*
in poche parole	*kurz gesagt*
È una parola!	*Das ist leichter gesagt als getan!*

2. *(Ehren-)Wort*

Ci ha dato la sua parola.	*Er hat uns sein Ehrenwort gegeben.*

3. *Sprache*

Ha perso la parola.	*Er hat die Sprache verloren.*

4. (im Plural) *Gerede; Geschwätz*

Sono solo vuote parole.	*Das ist nur Geschwätz.*

partita f.

1. *Partie* [kein FF]; *Spiel*

Ha perso una partita dopo l'altra.	*Er hat ein Spiel nach dem anderen verloren.*

2. *Fußballspiel*

Per gli italiani andare alla partita è un sacrosanto diritto dell'uomo.	*Zum Fußballspiel zu gehen ist für die Italiener ein geheiligtes Recht des Mannes.*

3. (Wirt.) *Posten; Partie* [kein FF]

una partita di camicie	*eine Partie Hemden*

4. (Wirt.) *Buchführung*

partita doppia	*doppelte Buchführung*

Pass m.

1. *passaporto*

den Pass vorzeigen	*esibire il passaporto*

2. *passo* [kein FF]; *valico*

Alpenpass	*valico alpino*
der St. Gotthardpass	*il passo del Gottardo*

3. (Sport) *passaggio^{FF}*

ein Querpass	*passaggio^{FF} trasversale*

Passage f.

1. *passaggio* [kein FF]

die Passage durch den Suez Kanal	*il passaggio del canale di Suez*

2. *galleria*

Sie schlenderten eine Stunde lang durch die Passage.	*Gironzolarono per un' ora in galleria.*

3. *passaggio* [kein FF]; *traversata*

Flugpassage	*passaggio aereo*
eine Schiffspassage	*un traversata marittima*

4. *passo^{FF}; passaggio* [kein FF]

Trotz einiger schöner Passagen war das Konzert enttäuschend.	*Nonostante alcuni bei passaggi il concerto era deludente.*
Der Schriftsteller las die schönsten Passagen seines Romans vor.	*Lo scrittore lesse i passaggi più belli del suo romanzo.*

passo m.
1. *Schritt*

Il cane sentì i passi del suo padrone e si mise ad abbaiare.	*Der Hund hörte die Schritte seines Herren und fing an zu bellen.*

2. *Schritttempo; Tempo^{FF}; Schritt*

a passo d'uomo	*im Schritttempo^{FF}*

3. *Fußspur; Fußstapfen*
4. *Passus* [kein FF]; *Passage^{FF}; Textstelle*

passo della Bibbia	*Bibelstelle*

5. *Weg; Durchgang; Durchfahrt*

Passo carrabile	*Einfahrt*

6. *Wegerecht*
7. (Gebirgspass) *Pass* [kein FF]

passaggio m.
1. *Vorbeigehen; Vorbeikommen; Vorübergehen; Vorbeiziehen; Vorbeifahren*

Una gran folla aspettava il passaggio della regina.	*Eine große Menschenmenge wartete auf das Vorbeikommen der Königin.*

2. *Durchgehen; Durchgang; Durchfahren; Durchfahrt*

vietato il passaggio	*Durchgang verboten*

3. *Hinübergehen; Überfahrt; Passage* [kein FF]; *Übergang*

fase di passaggio	*Übergangsphase*

4. *Weg; Durchgang; Passage* [kein FF]; *Durchfahrt*

passaggio sotterraneo	*unterirdischer Gang*

5. *Passage* [kein FF]; *Schiffsreise; Flugreise*
6. *Mitfahrgelegenheit*

Vuoi un passaggio?	*Willst du mitfahren?*

7. *kurzer Aufenthalt; (kurzer) Besuch*
8. (fig.) *Übergang; Wechsel*
9. *Passage* [kein FF]; *Stelle*
10. (Sport) *Pass^{FF}; Zuspiel; Wechsel*

passieren V. tr. / V. intr.
1. V. tr. *passare* [kein FF]

In jener Nacht passierten sie die Grenze nach Frankreich.	*Quella notte passarono il confine con la Francia.*

2. V. tr. *attraversare; valicare*
3. V. tr. *superare; oltrepassare*

Nachdem er die Polizeisperre passiert hatte, konnte er aufatmen.	*Dopo aver oltrepassato il posto di blocco della polizia poté tirare un sospiro di sollievo.*

4. V. tr. („durch ein Sieb passieren") *passare* [kein FF]

Wenn das Gemüse gar ist, passieren und würzen Sie es.	*Quando la verdura è cotta passatela e conditela.*

5. V. intr. *succedere; accadere; verificarsi*

Warum regst du dich auf? Es ist doch nichts passiert!	*Ma perché ti agiti^{FF}? Non è successo nulla!*

passen V. intr. / V. tr.
1. V. intr. *calzare; stare bene; andare bene*

Die Hosen passen wunderbar zum Sakko^{FF}.	*I pantaloni stanno benissimo con la giacca.*

2. V. intr. (Benehmen) *addirsi; essere adatto*
3. V. intr. *fare comodo*
4. V. intr. (Kartenspielen) *passare* [kein FF]
5. V. tr. (Sport) *passare* [kein FF]

passen

passare

passare V. intr. / V. tr.
 1. V. intr. *vorbeigehen; vorbeikommen; vorbeifliegen; vorbeiziehen*

È passato un aeroplano.	*Ein Flugzeug ist vorbeigeflogen.*

 2. V. intr. *durchgehen; durchfahren*

I ladri sono passati dalla finestra.	*Die Diebe sind durch das Fenster hereingekommen.*

 3. V. intr. *gehen; fahren; fließen*
 4. V. intr. *übergehen*

È passato al nemico.	*Er ist zum Feind übergelaufen.*

 5. V. intr. *ablaufen*

Il termine[FF] è passato.	*Die Frist ist abgelaufen.*

 6. V. intr. *durchkommen*
 7. V. intr. *vorbeisein; vergehen; sich beruhigen*

Erano passati dieci anni da quando si erano visti l'ultima volta.	*Zehn Jahre waren vergangen, seit sie sich das letzte Mal gesehen hatten.*

 8. V. intr. *gelten*

Passa per uomo integerrimo.	*Er gilt als integrer Mann.*

 9. V. tr. *überschreiten; passieren* [kein FF]
10. V. tr. *reichen; weitergeben*

Mi passi il pane, per favore?	*Reichst du mir das Brot, bitte?*

11. V. tr. *verbinden; geben*

Mi passi il dottor Bianchi, per favore.	*Verbinden Sie mich mit Doktor Bianchi, bitte.*

12. V. tr. *verbringen; verleben*

Passarono l'estate a Roma.	*Sie verbrachten den Sommer in Rom.*

13. V. tr. *durchbohren; durchstechen*

Il moschettiere lo passò con la spada.	*Der Musketier durchbohrte ihn mit dem Schwert.*

14. V. tr. *passieren; pürieren* [kein FF]
15. V. tr. (Sport) *zuspielen; passen* [kein FF]

Pasta / Paste f.

1. *pasta* [kein FF]; *paté*

Sardellenpaste	*pasta d' acciughe*
Fleischpaste	*paté di carne*

2. *pasta* [kein FF]; *pomata*[FF]

Zahnpasta	*pasta dentifricia*

3. (Nudeln) *pasta (asciutta); piatto di pasta*

Pastor m.
pastore (evangelico); parroco

Friedrich Nietzsche war Sohn eines Pastors.	*Friedrich Nietzsche era figlio di un pastore evangelico.*

patent Adj. / Adv.

1. *abile; valente; in gamba*

Er ist ein patenter Mann.	*È un uomo in gamba.*

2. (in Bezug auf Ideen, Lösungen u. ä.) *(perfettamente) indicato; adatto; pratico; buono*

Das ist ein patenter Vorschlag.	*È una buona proposta.*

Patent n.

1. *brevetto; domanda di brevetto*

Er hat schon ein Patent auf seine Erfindung angemeldet.	*Ha già presentato domanda di brevetto per la sua invenzione.*

2. *soluzione tecnica*

die Patentlösung	*la ricetta (formula) magica*

pasta f.
1. *Teig*

| Lavorate la pasta a lungo. | *Kneten Sie lange den Teig.* |

2. *Nudeln; Teigwaren; Pasta* [kein FF]
3. *(Fein-)Gebäck*

| Un caffè e una pasta, per favore. | *Einen Kaffee und ein Stück Gebäck, bitte.* |

4. *Pasta; Paste* [kein FF]
5. *Masse; (Ton-)Masse*

| pasta di vetro | *Glasmasse* |

pastore m.
1. *Schäfer;* (auch fig.) *Hirte;* (fig.) *(An-)Führer*

| la parabola del Buon Pastore | *das Gleichnis vom guten Hirten* |
| Dio è il mio pastore. | *Gott ist mein Hirte.* |

2. (Zool.) *Schäferhund*
3. *Pastor* [kein FF]

| pastore anglicano | *anglikanischer Pfarrer* |

patente f. / Adj.
1. Als Substantiv: *Führerschein*

| ritiro della patente | *Führerscheinentzug* |

2. Als Substantiv: *Genehmigung; Lizenz*

| patente di caccia | *Jagdschein* |

3. Als Substantiv: (scherzhaft) *Stempel; Bescheid*

| Da quel momento ebbe la patente di bugiardo. | *Von dem Moment ab war er als Lügner abgestempelt.* |

4. Als Adjektiv: *offenkundig; klar*

| Questa è una patente ingiustizia! | *Das ist eine offenkundige Ungerechtigkeit!* |

Pelle f.

1. *buccia*

| die Pelle abziehen | *sbucciare* |

2. (im Sinne von „Haut", „Schale") *pelle* [kein FF]

| Er sitzt mir ständig auf der Pelle. | *Mi sta continuamente alle costole.* |

penetrant Adj. / Adv.

1. (in Bezug auf Geruch) *intenso; penetrante* [kein FF]; *acuto*[FF]; (in Bezug auf Geschmack) *forte*

| Als er das Zimmer betrat, roch er sofort den penetranten Rauchgeruch. | *Appena entrò nella stanza sentì il penetrante odore di fumo.* |

2. (in Bezug auf Personen) *invadente*

| Er ist nicht unsympathisch, aber schrecklich penetrant. | *Non è antipatico, però è terribilmente invadente.* |

penibel Adj. / Adv.

meticoloso; scrupoloso; minuzioso

| In seinem Büro herrschte eine penible Ordnung. | *Nel suo ufficio regnava un ordine meticoloso.* |

pelle f.
1. *Haut*

crema per pelli secche	*Creme für trockene Haut*

2. (fig.) *Leben; Haut*

rimetterci la pelle	*mit dem Leben zahlen*

3. *Fell; Leder*

una borsa di pelle	*eine Ledertasche*

4. *Schale; Haut; Pelle* [kein FF]

la pelle dei pomodori	*die Haut der Tomaten*

penetrante Adj.
1. *penetrant* [kein FF]; *scharf; schrill; beissend; schneidend; tief; drückend; aggressiv; durchdringend*

In quella stanza c'era un freddo penetrante.	*In jenem Zimmer herrschte eine durchdringende Kälte.*

2. (fig.) *tiefgehend; gründlich; genau; eindringlich; heftig; durchdringend*

uno sguardo penetrante	*ein durchdringender Blick*

penoso Adj.
1. *leidvoll; schmerzlich; erschütternd*

La sua situazione era penosa.	*Seine Situation war leidvoll.*

2. *mühsam; beschwerlich*

una conversazione penosa	*eine mühsame Unterhaltung*

3. *peinlich; unangenehm*

Era una scena[FF] davvero penosa.	*Es war wirklich eine peinliche Szene[FF].*

4. *kläglich*

uno spettacolo penoso	*ein klägliches Schauspiel*

perplex Adj. / Adv.
allibito; sbalordito; sconcertato; esterrefatto

Alle waren so perplex über seine Reaktion, dass sich keiner etwas zu sagen traute.	*Rimasero tutti così sbalorditi dalla sua reazione, che nessuno osò dire niente.*

Phrase f.
1. *parole^{FF}; discorsi; frasi (fatte); belle frasi; belle parole^{FF}*

Ich verstehe gar nicht, wie seine Reden das Publikum begeistern können: Es sind doch nur leere Phrasen.	*Non capisco come riesca a entusiasmare il pubblico con i suoi discorsi: sono solo frasi fatte.*
Phrasendrescher	*parolaio*

2. (Mus.) *frase* [kein FF]
3. (Ling.) *parte della proposizione; componente sintattica*

Pietät f.
(profondo) rispetto; riverenza

Er zeigte dem Verstorbenen gegenüber keine Pietät.	*Non dimostrò nessun rispetto verso il defunto.*

Pikkolo m.
1. *bottiglietta di spumante*

Nach dem zehnten Pikkolo wurde er richtig gesprächig.	*Dopo la decima bottiglietta di spumante diventò davvero loquace.*

2. *aiuto cameriere*

perplesso Adj.
ratlos; hilflos; unschlüssig; verblüfft

La sua domanda mi lasciò
perplesso.

Seine Frage verblüffte mich.

frase f.
1. (allg.) *Satz*

costruzione della frase

Satzkonstruktion

2. *Ausdruck; Äußerung; Worte; Redewendung*
3. (im Sinne von „belle frasi") *Phrase* [kein FF]; *Gemeinplatz*

frase di circostanza

Höflichkeitsfloskel

4. (Mus.) *Phrase* [kein FF]; *Tonfolge*

pietà f.
1. *Mitleid; Erbarmen; Mitgefühl*

Non provi nessuna pietà?

Hast du kein Mitgefühl?

2. (Rel.) *Andacht; Frömmigkeit*
3. (Kunst) *Pietà* [kein FF]
4. In der Redewendung „fare pietà": *miserabel; lächerlich sein*

Che pietà!

Wie erbärmlich! Wie armselig!

piccolo m.
1. *(Klein-)Kind; Baby; Kleiner*

spettacolo per i piccoli

Schauspiel für die Kleinen

2. (Zool.) *Junges; Jungtier*

La gatta ha avuto quattro piccoli.

Die Katze hat vier Junge bekommen.

Platz m.
1. (allg.) *posto; luogo;* (Raum) *spazio*

Sie suchten einen ruhigen Platz, um sich auszuruhen.	Cercarono un posto tranquillo per riposare.
Das Zimmer war voller Bücher, es gab gar keinen Platz mehr.	La stanza era piena di libri, non c'era proprio più posto.
Platz da!	Largo!

2. (Sitzplatz) *posto*

| Halte mir einen Platz frei. | Tienimi un posto. |

3. (Stelle) *posto*

| Nach der Schule hat er gleich einen Studienplatz bekommen. | Dopo la scuola ha avuto subito un posto di studio[FF]. |

4. (Position) *posto; posizione;* (in einer Reihe) *piazzamento*

| Die deutsche Mannschaft hat den zweiten Platz erreicht. | La squadra tedesca ha ottenuto il secondo posto. |

5. (in einer Stadt) *piazza* [kein FF]
6. (Sport) *campo*

| Zwei Spieler wurden wegen Proteste vom Platz gestellt. | Due giocatori sono stati espulsi per proteste. |

platzieren V.tr. / V.refl.
1. V.tr. *piazzare* [kein FF]; *collocare*

| Die Sekte hat ihre Leute schon an wichtigen Positionen platziert. | La setta ha già piazzato i suoi accoliti in posti importanti. |

2. V.tr. (Sport) *piazzare* [kein FF]; *assestare*

| einen Schuss platzieren | piazzare un tiro |

3. V.tr. *investire; impiegare*
4. V.refl. (allg. Sport) *piazzarsi* [kein FF]

| Der italienische Athlet konnten sich unter den besten zehn platzieren. | L'atleta italiano si è piazzato tra i primi dieci. |

5. V.refl. (Sport) *ottenere un buon piazzamento*

piazza f.

1. (in der Stadt) *Platz* [kein FF]

Al centro della piazza c'è una fontana^{FF}.	*In der Mitte des Platzes ist ein Brunnen.*
piazza San Marco	*der Markusplatz*

2. *Markt(platz)*
3. (Mil.) *Festung; fester Platz; Exerzierplatz*
4. *Bett*

letto a due piazze	*Doppelbett*

5. (fig.) *Menge; Volk;* (negativ konnotiert) *Pöbel*

gli umori della piazza	*die allgemeine Stimmung*

6. (Wirt.) *Börsenplatz; Platz* [kein FF]

Sulla piazza di Milano le azioni^{FF} sono scese di due punti.	*An der Börse von Mailand sind die Aktien um zwei Punkte gefallen.*

piazzare V. tr. / V. refl.

1. V. tr. (Objekte) *aufstellen;* (selten) *platzieren* [kein FF]; (Personen) *setzen*

Chi ha piazzato la macchina qua?	*Wer hat das Auto hier platziert?*

2. V. tr. (Sport) *platzieren* [kein FF]
3. V. tr. (Wirt.) *verkaufen; absetzen*

Il prodotto è buono ma è difficile^{FF} piazzarlo sul mercato.	*Die Ware ist gut, aber es ist schwierig, sie auf dem Markt zu platzieren.*

4. V. refl. *sich platzieren* [kein FF]; *sich begeben; sich setzen*

I manifestanti si piazzarono in mezzo alla strada e non lasciarono passare^{FF} nessuno.	*Die Demonstranten^{FF} stellten sich mitten auf die Straße und ließen niemanden vorbei.*

5. V. refl. (Sport) *sich platzieren* [kein FF]

Plombe f.

1. (Siegel) *piombo* [kein FF]; *piombino*

Sie sperrten die Tür zu und ver-siegelten sie mit einer Plombe.	*Chiusero la porta sigillandola con un piombino.*

2. (Med.) *piombatura*

Die Plombe hat sich gelockert.	*La piombatura si è allentata.*

Pöbel n.

volgo; plebe; folla; popolino; plebaglia

Das Pöbel schrie: „Tod dem König"!	*La folla gridava: «A morte il re»!*

Pokal m.

1. *coppa*

Die Götter aßen Ambrosia und tranken Nektar aus goldenen Pokalen.	*Gli dei mangiavano ambrosia e bevevano nettare da coppe d'oro.*

2. (Sport) *trofeo; coppa*

Er hat den Pokal gewonnen.	*Ha vinto la coppa.*

piombo m.
1. *Blei*

tubo di piombo	*Bleirohr*
benzina senza piombo	*bleifreies Benzin*
Conosci la storia del soldatino di piombo?	*Kennst du die Geschichte des Zinnsoldaten?*

2. *Senkblei; Lot*
3. *Plombe* [kein FF]

sigillo di piombo	*Bleisiegel*

4. *Kugel(n)*

Già sentivano fischiare il piombo nemico.	*Es pfiffen ihnen schon die feindlichen Kugeln um die Ohren.*

popolo m.
1. *Bevölkerung; Volk*

un popolo primitivo	*ein primitives Volk*
in nome del popolo italiano	*im Namen des italienischen Volkes*
il popolo di Roma	*die Bevölkerung von Rom*

2. *Volk; Untertanen*
3. (Rel.) *Gemeinde; Volk*
4. *Volksmenge; Menschen*
5. (Zool.) *Stamm*

boccale m.
Krug

All'Oktoberfest un boccale di birra tira l'altro.	*Beim Oktoberfest zieht ein Krug Bier den nächsten nach sich.*

Pokal

boccali

polieren V. tr.
1. *lucidare; lustrare; pulire* [kein FF]

Jeden Samstag poliert er sein Auto.	*Ogni sabato lucida la sua macchina.*

2. (Techn.) *brunire; finire (a freddo)*
3. (fig.) *rifinire; perfezionare*

Er sollte sein Englisch etwas polieren.	*Dovrebbe perfezionare un po' il suo inglese.*

Pomade f.
1. *brillantina; pomata (per i capelli)* [kein FF]

Mit seinem Nadelstreifenanzug und einem Pfund Pomade im Haar sah er wirklich wie ein Gangster aus den 20er Jahren aus.	*Con il suo vestito a righe e mezzo chilo di brillantina in testa sembrava proprio un gangster degli anni '20.*

2. (Salbe) *pomata* [kein FF]

Porto n.
tassa postale; affrancatura; porto [kein FF]
Im Italienischen wird *porto* viel seltener gebraucht als im Deutschen.

prägnant Adj. / Adv.
1. Adj. *pregnante* [kein FF]; *denso di significato*
2. Adj. *conciso; breve; lapidario*

eine prägnante Antwort	*una risposa concisa*

3. Adv. *netto^{FF}; preciso*

Er drückte es kurz und prägnant aus.	*Lo espresse in modo breve e preciso.*

pulire V. tr. / V. refl.
1. V. tr. *sauber machen; putzen; reinigen; abwischen; säubern; fegen*
2. V. tr. (veraltet) *polieren* [kein FF]
3. V. refl. *sich waschen; sich etwas putzen; sich etwas abwischen*

Dopo mangiato si pulì la bocca con il tovagliolo e se ne andò senza pagare.	*Nach dem Essen wischte er sich den Mund mit der Serviette ab und ging weg, ohne zu zahlen.*

pomata f.
Salbe; Creme; Pomade [kein FF]

pomata per ferite	*Wundsalbe*

porto m.
1. *Tragen*

porto abusivo d'armi	*das unerlaubte Tragen von Waffen*

2. (Waffen) *Schein*
3. *Porto* [kein FF]
4. *Hafen*
5. (fig.) *Zuflucht; Refugium; Oase*
6. (fig.) *Ziel; Ende*

Il nostro piano è andato in porto.	*Unser Plan hat geklappt.*

7. *Portwein*

pregnante Adj.
1. *bedeutungsvoll; prägnant* [kein FF]

Aveva fatto affermazioni pregnanti a proposito dell'assassinio.	*Er hatte über den Mord bedeutungsvolle Aussagen gemacht.*

2. *schwanger; trächtig*

präparieren V. tr.

1. (Biologie; Med.) (menschlicher Körper) *imbalsamare;* (Tiere) *impagliare;* (Pflanzen) *essiccare*

Als Erinnerung an die Treibjagd ließ er seine schönsten Trophäen präparieren.	*A ricordo della battuta di caccia fece imbalsamare le sue prede più belle.*

2. (Biologie; Med.) (in Bezug auf Tiere und Pflanzen) *anatomizzare;* (in Bezug auf menschlichen Körper) *disseccare*
3. (Lit., selten) *preparare* [kein FF]

eine Ente präparieren

preparare un pollo

Praxis f.

1. *pratica*

Die Theorie ist interessant, aber wie sieht das in der Praxis aus?	*La teoria è interessante ma come stanno le cose in pratica?*

2. *prassi* [kein FF]

Das ist bei uns die Praxis.	*Questa è la prassi da noi.*

3. *pratica; esperienza*

Er ist noch sehr jung und hat noch keine Praxis.	*È ancora molto giovane e non ha ancora esperienza.*

4. *studio*[FF]*;* (Arzt) *ambulatorio;* (Anwalt) *studio legale*

Der Arzt empfing sie in seiner Praxis.	*Il medico la ricevette nel suo ambulatorio.*

preparare V. tr. / V. refl.
1. V. tr. *herrichten; vorbereiten; zubereiten; kochen; bestellen; bereiten*

Le preparo un caffè?	*Darf ich Ihnen einen Kaffee machen?*

2. V. tr. *vorbereiten (auf); gefasst sein (auf)*

Non era affatto preparata ad un'offerta di matrimonio.	*Sie war auf einen Heiratsantrag gar nicht vorbereitet.*

3. V. tr. *bringen; bereiten; anlegen*

Chissà cosa ci prepara il futuro.	*Wer weiß, was die Zukunft uns bringt.*

4. V. refl. *sich vorbereiten*

Con i tempi che corrono bisogna prepararsi al peggio.	*In diesen Zeiten muss man auf das Schlimmste gefasst sein.*

5. V. refl. *sich anschicken; ansetzen*
6. V. refl. *sich bereit machen; sich fertig machen*

Si stava preparando per uscire, quando suonò il telefono.	*Er machte sich gerade zum Ausgehen fertig, als das Telefon klingelte.*

7. V. refl. *drohen; bevorstehen*

Si preparano tempi difficili[FF].	*Es stehen schwere Zeiten bevor.*

prassi f.
Praxis [kein FF]; *Gepflogenheit; Methode; Weg*

prassi amministrativa	*Verwaltungspraxis*
L'uomo continuava a protestare, ma l'impiegato gli ripeteva che per risolvere la faccenda doveva seguire questa prassi.	*Der Mann hörte mit dem Protest nicht auf, aber der Beamte wiederholte, dass das Problem nur auf diesem Weg zu lösen sei.*

Presse f.
1. (Tech.) *pressa* [kein FF]

| hydraulische Presse | *pressa idraulica* |

2. *torchio; frantoio*

| Ölpresse | *frantoio per le olive* |

3. *stampa; giornali; stampato; pubblicazione*

| Die Presse wälzte die Nachricht breit. | *I giornali trattarono diffusamente la notizia[FF].* |

4. *stampa*

| die Freiheit der Presse | *la libertà di stampa* |

primär Adj. / Adv.
1. Adj. *primario* [kein FF]; *fondamentale; essenziale*

| Das ist von primärer Bedeutung. | *Ciò è d'importanza fondamentale.* |

2. Adj. (Lit.; Med.; Soz.) *primario* [kein FF]

| die primäre Gruppe | *il gruppo primario* |

3. Adv. *in primo luogo; innanzi tutto*

prinzipiell Adj. / Adv.
1. Adj. *di principio; di fondo; basilare; fondamentale*

| Die prinzipielle Frage ist: Kann man sich in die inneren Angelegenheiten eines anderen Landes einmischen? | *La domanda di fondo è: ci si può immischiare negli affari interni di un altro paese?* |

2. Adv. *per principio*

| Er arbeitet prinzipiell nicht. | *Non lavora per principio.* |

3. Adv. *in linea di principio*
4. Adv. *sempre; regolarmente; senza eccezioni*

| Er trinkt prinzipiell zu viel. | *Beve sempre troppo.* |

pressa f.
1. (Techn.) *Presse* [kein FF]

| pressa automatica | *Stanzautomat* |

2. (ugs.) *Gedränge*
3. (ugs.) *Eile; es eilig haben*

| Va sempre di pressa. | *Er hat es immer eilig.* |

primario Adj. / m.
1. Adj. *primär* [kein FF]; *ursprunglich;* (Schule) *Grund-;* (Ära) *paläozoisch*

| bisogni primari | *primäre Bedürfnisse* |
| istruzione primaria | *Grundschulunterricht* |

2. Adj. *primär* [kein FF]; *Haupt-; vorrangig; erstrangig; führend*

| Questo progetto è di primaria importanza. | *Dieses Projekt ist von primärer Bedeutung.* |

3. Als Substantiv: *Chefarzt einer Klinik*

principale Adj.
1. *hauptsächlich; vorrangig; Haupt-; größt-; wichtigst-; führend*

| interpreti principali | *Hauptdarsteller* |
| La sua occupazione principale è dormire. | *Seine Hauptbeschäftigung ist schlafen.* |

2. (Gram.) *Haupt-*

| proposizione principale | *Hauptsatz* |

Prise f.

pizzico; presa [kein FF]

Würzen Sie den Salat mit einer Prise Salz, Pfeffer, Rotweinessig und Olivenöl.	*Condite l'insalata con un pizzico di sale, pepe, aceto di vino rosso ed olio d'oliva.*
eine Prise Schnupftabak	*una presa di tabacco*

Probe f.

1. (Experiment) *prova* [kein FF]

Du stellst meine Geduld auf eine harte Probe.	*Metti a dura prova la mia pazienza.*

2. (Kostprobe) *prova* [kein FF]

Der Magier gab eine Probe seines Könnens und ließ seine Assistentin verschwinden.	*Il mago diede prova della sua bravura e fece sparire la sua assistente.*

3. (Muster) *campione*

Legen Sie der Bestellung die Stoffprobe bei.	*Alleghi all'ordinazione il campione di stoffa[FF].*

4. (Theater; Mus.) *prova* [kein FF]

Während der Probe verletzte sich die Schauspielerin und so musste die Premiere verschoben werden.	*Durante le prove l'attrice si ferì e così si dovette rimandare la prima.*

presa f.
1. *Griff*

Afferrò il rapinatore per il braccio e non lasciò più la presa.	*Er packte den Räuber am Arm und ließ den Griff nicht mehr locker.*

2. *Halt; Greifen; Härten; (Ab-)Binden*

cemento a presa rapida	*schnellbindender Zement*

3. *Topflappen*
4. (Techn.) *Anschluss;* (Elektrizität) *Steckdose*

presa doppia	*Doppelsteckdose*

5. (Mil.) *Einnahme; Eroberung*

la presa della Bastiglia	*der Sturm^{FF} auf die Bastille*

6. *Prise* [kein FF]

prova f.
1. *Probe* [kein FF]; *Test; Versuch*

prova su pista	*Testfahrt*

2. *Versuch*

Ha stabilito un primato già alla prima prova.	*Er hat schon beim ersten Versuch einen Rekord erzielt.*

3. *Erfahrung; Kostprobe* [kein FF]
4. *Prüfung*

prova scritta	*schriftliche Prüfung*

5. *Beweis; Nachweis*

Il pubblico ministero ha fornito le prove della sua colpevolezza.	*Der Staatsanwalt hat die Beweise für seine Schuld geliefert.*

6. (Theater; Mus.) *Probe* [kein FF]

prova del coro	*Chorprobe*

7. *Anprobe*

Profil n.
1. *profilo* [kein FF]

Er hat ein aristokratisches Profil.	*Ha un profilo aristocratico.*

2. (fig. Lit.) *profilo* [kein FF]; *personalità; carattere*

Sie ist eine Frau mit Profil.	*È una donna di carattere.*

3. (Sektion) *profilo; sezione longitudinale; sezione trasversale*
4. (in Bezug auf Reifen) *profilo* [kein FF]; (in Bezug auf Sohlen) *gomma/cuoio*

Die Schuhe müssen neu besohlt werden, sie haben fast kein Profil mehr.	*Le scarpe devono essere risuolate, la gomma è quasi nulla.*

5. (Techn.) *profilato*

Prognose f.
1. (Med.) *prognosi* [kein FF]
2. *previsione*

Die deutsche Bevölkerung wird schrumpfen und dramatisch altern, so die aktuelle Prognose des Statistischen Bundesamtes.	*La popolazione tedesca diminuirà e invecchierà in modo drammatico, questa è l'attuale previsione dell'Ufficio Statistico Federale.*

Prokurator m.
(hist.; Rel.) *procuratore* [kein FF]

Die Konzernspitze wollte einen Prokurator einstellen, der die Börsengeschäfte abwickeln sollte.	*La direzione aziendale intendeva assumere un procuratore con l'incarico di occuparsi delle operazioni di borsa.*

profilo m.
1. *Kontur; Umriss;* (Gesichtslinie von der Seite) *Profil* [kein FF]

La polizia lo fotografò di faccia e di profilo, poi gli prese le impronte digitali.	*Die Polizei fotografierte ihn von vorne und von der Seite und nahm ihm dann die Fingerabdrücke ab.*

2. *Profilansicht*
3. *Charakter; Profil* [kein FF]
4. (Sektion) *Profil* [kein FF]
5. (Lit.) *kurzer Beitrag; Lebensabriss; kurze Biographie*

In questo libro sono raccolti i profili dei maggiori scrittori italiani.	*In diesem Buch sind die Kurzbiogra-phien der wichtigsten italienischen Schriftsteller gesammelt.*

6. *Charakterisierung; Beurteilung*
7. *Aspekt*

Sotto il profilo professionale non è raccomandabile, però è una persona simpaticissima.	*Unter dem professionellen Aspekt[FF] ist er nicht zu empfehlen, er ist aber ein sehr sympathischer Mensch.*

8. (Kfz., Reifen) *Profil* [kein FF]

prognosi f.
(Med.) *Prognose* [kein FF]

procuratore m.
1. (hist.; Rel.) *Prokurator* [kein FF]
2. (jur.) *Bevollmächtiger; Rechtsanwalt;* (Wirt.) *Prokurist*
3. *Beamter; Staatsanwalt*

Procuratore della Repubblica	*Staatsanwalt*

prominent Adj. / Adv.

1. *eminente; di riguardo; insigne; in vista; di spicco; vip*

An der Talkshow nahmen viele prominente Persönlichkeiten aus der Politik teil.	*Al talkshow hanno preso parte molte eminenti personalità della politica.*

2. (Lit.) *preminente; di grande rilievo; di primo piano*

Die Familie Agnelli hat eine prominente Rolle in der italienischen Wirtschaftsgeschichte. gespielt.	*La famiglia Agnelli ha avuto una posizione di primo piano nella storia economica italiana.*

Promotion f.
laurea; conclusione degli studi[FF] con il dottorato di ricerca
Das entsprechende Verb „promovieren" wird mit *concludere il dottorato di ricerca* übersetzt:

Julius promovierte mit einer Abhandlung über die „Antiklassizistischen Elemente in der bayerischen Literatur zwischen 1810 und 1820".	*Julius concluse il dottorato di ricerca con uno studio[FF] su «Gli elementi anticlassicisti nella letteratura bavarese fra il 1810 e il 1820.»*

Propaganda f.
1. (Pol.) *propaganda* [kein FF]

Die Nazis konnten in den ersten Jahren ihre Macht vor allem dank einer unaufhörlichen Propaganda bewahren.	*I nazisti nei primi anni poterono conservare il potere anche sopratutto grazie a un'incessante propaganda.*

2. (fig.) *propaganda* [kein FF]

prominente Adj.
1. *vorspingend; vortretend; ausgeprägt; wulstig*

Totò, l'indimenticabile comico italiano, aveva un mento prominente, un naso aquilino e tanto fascino da sembrare addirittura bello.	*Totò, der unvergessliche italienische Komiker, hatte ein vorstehendes Kinn, eine Adlernase und so viel Charme, dass er eigentlich schon wieder schön wirkte.*

2. (selten) *vorrangig; relevant; bedeutend*

prominent

un naso prominente

promozione f.
1. (Schule) *Versetzung*
2. *Beförderung*

Andarono tutti al bar[FF] a festeggiare la sua promozione a capoufficio.	*Sie gingen alle in ein Café, um seine Beförderung zum Abteilungsleiter zu feiern.*

3. *Aufstieg*

promozione in serie A	*Aufstieg in die erste Liga*

4. (Wirt.) *Werbung; Förderung*

propaganda f.
1. *Werbung; Reklame*
2. *Werbematerial*

La maggior parte della propaganda finisce nel cestino della carta[FF].	*Das Werbematerial wandert zum größten Teil in den Papierkorb.*

3. (Pol.) *Propaganda* [kein FF]

propaganda elettorale	*Wahlpropaganda*

4. (fig.) *Propaganda* [kein FF]

proper Adj. / Adv.
1. *carino; grazioso; attraente*

Barbara war nicht das propere Mädchen, das die Eltern sich gewünscht hatten.	*Barbara non era la graziosa bambina che i genitori avevano desiderato.*

2. *pulito; lindo; ordinato*

Der Garten war ungepflegt, voller Unkraut und Blätter, aber im Haus sah es recht proper aus.	*Il giardino era poco curato, pieno di erbacce e foglie cadute, ma la casa di dentro si presentava ordinata.*

3. *accurato*

Sie leisteten propere Arbeit.	*Fecero un lavoro accurato.*

Prospekt m.
1. *opuscolo; prospetto* [kein FF]*; dépliant*

Hier ein Prospekt des Hotels.	*Ecco un dépliant dell'albergo.*

2. (Kunst) *veduta; prospetto* [kein FF]
3. (Wirt.) (Darlegung der Finanzlage) *prospetto* [kein FF]
4. (Theater) *fondale prospettico*

proprio Adj. / Adv.
1. Adj. *eigen; sein; ihr*

| È una persona senza idee proprie. | *Er ist ein Mensch ohne eigene Ideen.* |

2. Adj. *bestimmt; typisch*

| Questi sono i sintomi propri dell'influenza. | *Diese sind die typischen Symptome der Grippe.* |

3. Adj. *geeignet; passend; richtig*

| un linguaggio proprio | *eine passende Ausdrucksweise* |

4. Adj. *richtig; wirklich; eigentlich*

| un vero e proprio caos | *ein richtiges Chaos* |

5. Adv. *(ganz) genau; gerade; ausgerechnet*

| Proprio oggi doveva venire il direttore! | *Ausgerechnet heute musste der Chef[FF] kommen!* |

6. Adv. *wirklich; richtig; tatsächlich; echt*
7. Adv. *unbedingt*
8. Adv. *überhaupt (nicht); ganz und gar (nicht)*

| Non hai proprio niente da fare? | *Hast du gar nichts zu tun?* |

prospetto m.
1. *Anblick; (Vorder-)Ansicht*
2. *Vorderseite*
3. *Aufriss*
4. *Tabelle; Liste; Plan; Abriss*

| prospetto delle spese
prospetto della pittura italiana | *Aufstellung der Ausgaben*
Abriss der italienischen Malerei |

5. (Werbung) *Prospekt* [kein FF]; *Druckschrift*

| La cassetta della posta è sempre piena di prospetti pubblicitari. | *Der Briefkasten ist immer voll von Werbeprospekten.* |

protegieren V. tr.
proteggere [kein FF]; *favorire; appoggiare*

Sie wird von ihrem Chef^{FF} protegiert.	*È appoggiata dal suo capo.*
Das kannst du vergessen! Eine akademische Karriere, ohne von einem einflussreichen Professor protegiert zu sein, ist schlicht und einfach unmöglich.	*Te lo puoi scordare: una carriera universitaria senza essere appoggiati da un professore influente è semplicemente impossibile.*

publik Adj. / Adv.
1. *di dominio pubblico; risaputo*

Seine Affären^{FF} sind schon längst publik.	*Le sue avventure galanti sono già da tempo di dominio pubblico.*

2. *reso pubblico*

Die Presse^{FF} hat seine obskuren^{FF} Machenschaften publik gemacht.	*La stampa ha reso pubbliche le sue losche manovre.*

Puls m.
polso [kein FF]

Der Patient hatte einen unregelmäßigen Puls.	*Il paziente aveva un polso irregolare.*
In den Werbeagenturen müssen die Mitarbeiter ständig den Finger am Puls der Zeit haben.	*Nelle agenzie pubblicitarie i collaboratori^{FF} devono sempre essere al passo con i tempi^{FF}.*

proteggere   V. tr. / V. refl.
1. V. tr. *schützen (vor)*

| Dopo l'operazione dovrà proteggere gli occhi dalla luce. | *Nach der Operation müssen Sie die Augen vor dem Licht schützen.* |

2. V. tr. *in Schutz nehmen; schützen*

| Dio ti protegga! | *Gott schütze dich!* |

3. V. tr. *begünstigen; unterstützen; protegieren* [kein FF]; *fördern*

| Ha fatto subito carriera perché è protetto dall'alto[FF]. | *Er hat schnell Karriere gemacht, weil er von oben protegiert wurde.* |

4. V. refl. *sich schützen vor*

pubblico   Adj.
1. *Volks-; (all)gemein-; Gemein-*

salute pubblica	*Volksgesundheit*
bene pubblico	*Gemeingut*
È vietato fumare nei locali pubblici.	*Rauchen ist in den öffentlichen Räumen verboten.*

2. *staatlich; Staats-; öffentlich*

| forza pubblica | *Staatsgewalt* |

3. *allgemein bekannt*

| Il suo divorzio è cosa pubblica. | *Seine Scheidung ist allgemein bekannt.* |

polso   m.
1. *Handgelenk*

| un orologio da polso | *eine Armbanduhr* |

2. *Puls* [kein FF]; *Pulsschlag*

| La pressione è un po' alta[FF] ma il polso è regolare. | *Der Blutdruck ist ein bisschen hoch, aber der Puls ist regelmäßig.* |

3. *Ärmelbund; Ärmelaufschlag; Manschette*
4. *(Tat-)Kraft; Energie; Finanzkraft; Talent; Geist*

| Era del tutto privo di polso. | *Er war saft- und kraftlos.* |

Pulver n.

1. *polvere* [kein FF]

Er zermahlte die Kaffeebohnen in ein feines schwarzes Pulver.	*Ridusse i chicchi di caffè in una fine polvere nera.*

2. (Schießpulver) *polvere da sparo*

Er hat noch viel Pulver zu ver-schießen.	*Ha ancora molte frecce al proprio arco.*

3. (Med.) *polverina*
4. (ugs.) *quattrini; grana*

Sie hatten genug Pulver, um sich jede Nacht zu besaufen.	*Avevano abbastanza quattrini per ubriacarsi ogni notte.*

punktuell Adj. / Adv.

1. Adj. *parziale; frammentario*

eine punktuelle Lösung	*una soluzione parziale*

2. Adj. (Ling.) *puntuale* [kein FF]
3. Adv. *in modo parziale; per sommi capi; qui e là; ogni tanto*

polvere f.

1. *Staub*

Il motivo della spaventosa pulizia nella sua casa era piuttosto semplice: Aldo era allergico alla polvere.	*Der Grund für die schreckliche Sauberkeit in seinem Haus war einfach: Aldo hatte eine Stauballergie.*

2. *Pulver* [kein FF]; *Staub*

Se c'è una cosa che veramente non sopporto è il latte in polvere: preferisco bere l'acqua del rubinetto.	*Wenn ich etwas überhaupt nicht ausstehen kann, dann ist dies Trockenmilch: Ich trinke stattdessen lieber Leitungswasser.*

puntuale Adj.

1. *pünktlich*

Il treno è partito puntuale.	*Der Zug ist pünktlich abgefahren.*

2. *genau*

Grazie per la Sua puntuale descrizione dei fatti[FF].	*Danke für Ihre genaue Schilderung der Fakten[FF].*

3. (Lit.; Mus.) *akkurat*
4. (Ling.) *punktuell* [kein FF]

Quartier n.

1. *alloggio*

| Habt ihr für eure Romreise schon ein Quartier gefunden? | *Avete già trovato un alloggio per il vostro viaggio a Roma?* |

2. (Mil.) *quartiere* [kein FF]

quasi Adv.

per così dire; come

| Dante ist quasi der Vater der italienischen Spache. | *Dante è per così dire il padre della lingua italiana.* |

Querele f.

controversia; polemica; discussione

| Die Entscheidung des Präsidenten beendete die Querele. | *La decisione del presidente mise fine alla discussione.* |

quartiere m.
1. *Viertel; Stadtteil*

Trastevere è uno dei quartieri più antichi di Roma. È piuttosto difficile trovare alloggio vicino a piazza Navona.	*Trastevere ist eines der ältesten Viertel von Rom. Es ist ziemlich schwierig, ein Quartier in der Nähe von der Piazza Navona zu finden.*

2. (Mil.) *Quartier* [kein FF]

quasi Adv.
fast; beinahe

Dante fu quasi un contemporaneo di Boccaccio.	*Dante war fast ein Zeitgenosse Boccaccios.*

querela f.
1. (jur.) *Klage*

Sporse querela per diffamazione.	*Er klagte wegen Verleumdung.*

2. (Lit.) *Beschwerde; Klage*

querelle f.
endlose Debatte

rabiat Adj. / Adv.
1. *brutale; rozzo; grossolano*

Er war ein primitiver, rabiater Typ.	*Era un tipo primitivo e brutale.*

2. *furente; violento; rabbioso*

Nach einem rabiaten Streit packte sie ihre Koffer und verließ für immer das Haus.	*Dopo un violento litigio fece le valige e lasciò per sempre la casa.*

3. *rigoroso; severo*

Seine Erziehungsmethoden waren streng, manchmal sogar rabiat.	*I suoi metodi educativi erano severi, talvolta addirittura rigorosi.*

raffiniert Adj. / Adv.
1. *raffinato* [kein FF]

Er hatte raffinierte Manieren.	*Aveva maniere raffinate.*

2. *astuto; scaltro*

Sie hat sehr raffiniert gehandelt.	*Ha agito molto astutamente.*

Rakete f.
1. (Mil.) *razzo; missile*

Luft-Boden-Rakete	*missile aria-terra*

2. *missile*

Weltraumrakete	*missile spaziale*

3. *razzo*

Er ist wie ein Rakete abgezischt.	*È partito a razzo.*

arrabbiato Adj.
1. *tollwütig*

| È stato morso da un cane arrabbiato. | *Er wurde von einem tollwütigen Hund gebissen.* |

2. *zornig; wütend*

| È arrabbiato con il mondo intero. | *Er ist wütend auf die ganze Welt.* |

3. *hartnäckig; verbissen*

| Era un cacciatore arrabbiato. | *Er war ein verbissener Jäger.* |

raffinato Adj.
1. (fig.) *raffiniert* [kein FF]; *fein; vornehmen*

| È una persona dai gusti raffinati. | *Er ist ein Mensch von raffiniertem Geschmack.* |
| Erano abituati alla raffinata cucina francese. | *Sie waren an die feine französische Küche gewöhnt.* |

2. *veredelt; verfeinert; raffiniert* [kein FF]

| zucchero raffinato | *Raffinade* |

racchetta f.
(Sport) *Tennisschläger; Tischtennisschläger*

Rakete

racchetta

Rang m.
1. *rango* [kein FF]; (Mil.) *grado*

Mit 26 Jahren hatte Napoleon schon den Rang eines Generals.	*A 26 anni Napoleone aveva già il grado di generale.*

2. *rango* [kein FF]; *importanza; significato; calibro; valore*
3. (Kino) *galleria*

erster Rang	*balconata*
zweiter Rang	*prima galleria*

4. (Sport) *posto; posizione*

Neapel belegt den 3. Rang.	*Il Napoli occupa il terzo posto.*

rasieren V. tr. / V. refl.
1. V. tr / V. refl. *radere(-si); fare(-si) la barba*

Er ging zum Barbier, um sich rasieren zu lassen.	*Andò dal barbiere per farsi fare la barba.*

2. V. tr. / V. refl. *radere(-si) a zero;* (ugs.) *rapare(-si)*

Sie rasierten sich eine Glatze, zogen Militärstiefel an und ließen sich tätowieren.	*Si raparono a zero, calzarono stivali militari e si fecero tatuare.*

3. V. tr. / V. refl. *depilare(-si); radere(-si); rasare(-si)* [kein FF]

Frau Halbner rasiert sich die Beine.	*La signora Halbner si depila le gambe.*

4. V. tr. *abbattere; demolire; radere al suolo*

rango m.
1. (Mil.) *Reihe*

serrare i ranghi	*die Reihen schließen*

2. *Rang* [kein FF]; *Stand*

La differenza^{FF} di rango rendeva il matrimonio difficile^{FF}, anzi impossibile. Andrea Bocelli è una star di rango europeo. Conosce molta gente di alto^{FF} rango.	*Der Standesunterschied machte die Ehe schwer, wenn nicht gar unmög-lich.* *Andrea Bocelli ist ein Star von europäischem Rang.* *Er kennt viele Leute von hohem Rang.*

rasare V. tr. / V. refl.
1. V. tr. *abrasieren; scheren*
2. V. tr. *kahl scheren; (ab)rasieren* [kein FF]

Lo hanno rasato a zero come un monaco tibetano.	*Er wurde kahl geschoren wie ein tibetanischer Mönch.*

3. V. tr. *rasieren* [kein FF]
4. V. tr. *(kurz) schneiden; scheren; mähen*

rasare il prato In Germania è vietato rasare il prato di domenica: il rumore infatti potrebbe disturbare i vicini.	*die Wiese mähen* *In Deutschland ist Rasenmähen am Sonntag verboten: Der Lärm könnte* ⋅ *nämlich die Nachbarn stören.*

5. V. refl. *sich (ab)rasieren* [kein FF]

räsonieren V. intr.

1. (Lit.) *cavillare; sputar sentenze; blaterare*

Er räsoniert ewig und tut nichts.	*Blatera continuamente e non fa nulla.*

2. (Lit.) *criticare; brontolare; imprecare*

Mit ihrem Benehmen gab sie jedem Grund zu räsonieren.	*Con il suo comportamento dava a tutti motivo di critica.*

Recherche f.
(auch Pl.) *indagine; ricerche* [kein FF]

Dank seiner sorgfältigen Recherche wurde sein Artikel eine Sensation[FF].	*Grazie alle sue accurate ricerche il suo articolo diventò una sensazione[FF].*

redigieren V. tr.

1. *ritoccare; rivedere[FF]*

Er redigierte mehrfach seinen Artikel, bevor er ihn drucken ließ.	*Rivide più volte il suo articolo prima di mandarlo in stampa.*

2. *redigere* [kein FF]

eine Zeitschrift redigieren	*redigere una rivista*

ragionare V. intr.
1. *denken*

Ragiona un po' con la tua testa!	*Denk' mal selbst!*

2. *nachdenken; überlegen; vernünftig sein*

Ora il governo spera che i Verdi ragionino.	*Jetzt hofft die Regierung, dass die Grünen vernünftig werden.*

3. *vernüftig reden*

Con lui non si può proprio ragionare!	*Mit ihm kann man nicht vernünftig reden!*

4. *sprechen (über); sich unterhalten (über); diskutieren über*

Passavano[FF] il tempo[FF] ragionando di politica.	*Sie verbrachten die Zeit mit Gesprächen über Politik.*

ricerca f.
1. *Suche*

È ancora alla ricerca della donna ideale.	*Er ist noch auf der Suche nach der Idealfrau.*

2. *(Er-)Forschung; Studium*

Istituto di ricerca	*Forschungsinstitut*
ricerca di mercato	*Marktforschung*

3. *Untersuchung; Studie*

Ha pubblicato una ricerca scientifica sugli effetti collaterali del Viagra.	*Er hat eine Studie über die Nebenwirkungen von Viagra veröffentlicht.*

4. *Untersuchung; Ermittlung*

redigere V. tr.
1. *verfassen; abfassen*

I carabinieri hanno redatto il verbale e hanno mandato il denunciante[FF] a casa.	*Die Carabinieri haben das Protokoll abgefasst und den Anzeigeerstatter nach Hause geschickt.*

2. *redigieren [kein FF]; bearbeiten*

Referat n.
1. *relazione*

Er hielt ein Referat über den Roman von Umberto Eco „Der Name der Rose".	*Ha tenuto una relazione sul romanzo di Umberto Eco «Il nome della rosa».*

2. (Verw.) *reparto; sezione^{FF}; ufficio*

Schulreferat	*ufficio scolastico*

referieren V. intr. / V. tr.
1. *riferire* [kein FF]

Heute wird Dr. Schmitz über die Auswirkungen des Ozonlochs auf das europäische Klima referieren.	*Il dr. Schmitz riferirà oggi sulle rispercussioni del buco dell'ozono sul clima europeo.*

2. *esporre (in breve); riassumere; sintetizzare*

Der Journalist referiert kurz über die letzen Entwicklungen.	*Il giornalista riassume in breve gli ultimi sviluppi.*

Regal n.
scaffale

Die Einrichtung bestand nur aus kilometerlangen voll gestopften Regalen.	*L'arredamento consisteva solo in chilometrici scaffali pieni zeppi.*

Regal

regali

referto m.
(Med.) *Befund*

Il referto medico parlava chiaro: doppia frattura del avambraccio sinistro.	*Der medizinische Befund sprach eine klare Sprache: Doppelbruch des linken Oberarms.*

riferire V. tr. / V. refl.
1. V. tr. *berichten; wiedergeben; mitteilen; melden*

È una spia! Ascolta i nostri discorsi e riferisce tutto al capo!	*Sie ist eine Spionin! Sie hört unseren Gesprächen zu und berichtet alles dem Chef[FF].*

2. V. tr. *zuschreiben; beziehen*
3. V. tr. *zutragen; erzählen; referieren* [kein FF]
4. V. refl. *sich beziehen (auf); Bezug nehmen*

Si riferiscono alla nostra lettera del 5 maggio.	*Sie nehmen Bezug auf unseren Brief vom 5. Mai.*

5. V. refl. *anspielen (auf)*

A cosa ti riferisci? Parla chiaro!	*Worauf willst du anspielen? Sprich offen!*

regalo m.
1. *Geschenk; Gabe*

regali di Natale	*Weihnachtsgeschenke*

2. (fig.) *Freude*

La sua visita[FF] è stata un vero regalo per il nonno.	*Sein Besuch ist eine echte Freude für den Großvater gewesen.*

3. (ironisch) *Bescherung*

Bel regalo mi hai fatto!	*Das ist ja eine schöne Bescherung!*

regieren V. tr. / V. intr.
1. V. tr. *governare;* (selten) *reggere* [kein FF]

Wer wird jetzt Deutschland regieren?	*Chi governerà ora la Germania?*

2. V. tr. (Gram.) *reggere* [kein FF]
3. V. intr. *governare; regnare*

Vittorio Emanuele III, italienischer König, regierte von 1900 bis 1946.	*Vittorio Emanuele III, re d'Italia, regnò dal 1900 al 1946.*

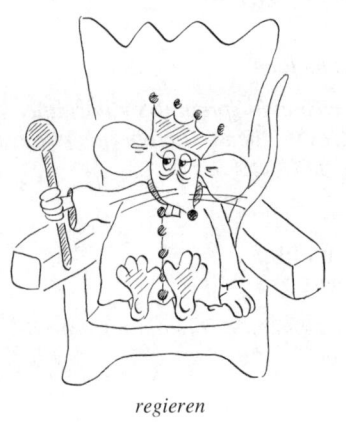

regieren

reggere

Register n.
1. *indice*

Sachregister	*indice analitico*

2. (Verwaltung) *registro* [kein FF]

Standesamtregister	*registro dello stato civile*[FF]
Handelsregister	*registro di commercio*

3. (Mus.) *registro* [kein FF]

die Register einer Orgel	*i registri di un organo*[FF]

reggere V. tr. / V. intr. / V. refl.
  1. V. tr. *halten; tragen; stützen; festhalten*

Un operaio reggeva la scala[FF] e l'altro portava su i sacchi[FF] di cemento.	*Ein Arbeiter hielt die Leiter und der andere trug die Zementsäcke hinauf.*

  2. V. tr. *leiten; führen; regieren* [kein FF]
  3. V. tr. *standhalten; vertragen*

Ha bevuto poco ma non regge il vino.	*Er hat wenig getrunken, aber er verträgt keinen Wein.*

  4. V. tr. (Gram.) *regieren* [kein FF]; *(er)fordern*

Quali preposizioni reggono il dativo?	*Welche Präpositionen erfordern den Dativ?*

  5. V. intr. *aushalten; standhalten; widerstehen*
  6. V. intr. *in sich stimmig sein; stichhaltig sein*

La teoria del pubblico ministero non regge.	*Die Theorie des Staatsanwalts ist nicht stichhaltig.*

  7. V. intr. *(an)halten; haltbar sein*

Il bel tempo[FF] non reggerà.	*Das schöne Wetter wird nicht halten.*

  8. V. intr. *sich halten*
  9. V. refl. *sich festhalten*

Reggiti forte!	*Halt dich fest!*

  10. V. refl. *sich beherrschen*

registro m.
1. *(Notiz-)Buch*

registro di classe	*Klassenbuch*

2. (Verwaltung) *Register* [kein FF]; *Buch*
3. (Verwaltung) *Amt*
4. (Mus.) *Register* [kein FF]
5. (Mus.) *Stimmumfang*

registro del tenore	*Stimmumfang des Tenors*

registrieren V. tr.
1. (Verwaltung) *registrare* [kein FF]

Alle Akten[FF] werden registriert.	*Tutti gli atti[FF] vengono registrati.*

2. *prendere nota[FF]; ricordare; registrare* [kein FF]

Diese peinlichen[FF] Details wurden zum Glück nicht von allen Zeitungen registriert.	*Per fortuna questi dettagli imbarazzanti non sono stati registrati da tutti i giornali.*

3. *percepire; registrare* [kein FF]

Er hat das Geräusch nicht registriert.	*Non ha percepito il rumore.*

4. (Techn.) *registrare* [kein FF]

In Afghanistan wurde wieder ein Erdbeben registriert.	*In Afganistan è stato nuovamente registrato un terremoto.*

Relikt n.
1. *residuo*; (fig.) *relitto* [kein FF]

Diese Organisation ist ein Relikt der Vergangenheit.	*Quest'organizzazione è un relitto del passato.*

2. (Biologie) *relitto* [kein FF]
3. (Ling.) *relitto* [kein FF]

Reliktwort	*parola relitto*

renovieren V. tr.
rinnovare [kein FF]; *rimettere a nuovo*

Die Wohnung ist frisch renoviert worden.	*L'appartamento[FF] è stato appena rimesso a nuovo.*
Das Geschäft war vorübergehend geschlossen, weil es gerade renoviert wurde.	*Il negozio era temporaneamente chiuso perché lo stavano rinnovando.*

registrare V. tr
1. (Verwaltung) *registrieren* [kein FF]
2. *(ver)buchen; verzeichnen*

registrare a partita doppia	*doppelte Buchführung machen*

3. *registrieren* [kein FF]; *wahrnehmen; verspüren*
4. *registrieren* [kein FF]; *verzeichnen; aufführen*

I giornali francesi non registrano l'episodio.	*Die französischen Zeitungen registrieren das Ereignis nicht.*
I nomi sono registrati in ordine cronologico.	*Die Namen sind chronologisch verzeichnet.*

5. *aufnehmen; aufzeichnen; mitschneiden*

Ti ho registrato l'ultimo disco di Eros Ramazzotti.	*Ich habe dir die letzte Platte von Eros Ramazzotti aufgenommen.*

relitto m.
1. *Wrack*

il relitto del Titanic	*der Wrack der Titanic*

2. (Biologie; Ling.; fig.) *Relikt* [kein FF]
3. (in Bezug auf Personen, abwertend) *Wrack*

È un relitto della società.	*Er ist ein gesellschaftliches Wrack.*

rinnovare V. tr. / V. refl.
1. V. tr. *erneuern; reinigen; reformieren; renovieren* [kein FF]
2. V. tr. *erneuern; austauschen*

Bianca ha rinnovato il suo guardaroba.	*Bianca hat ihre Garderobe erneuert.*

3. V. tr. *wiederholen, erneut aussprechen; verlängern*

Deve assolutamente rinnovare il passaporto.	*Er muss unbedingt seinen Pass[FF] verlängern.*
Ha rinnovato le sue scuse.	*Er hat sich erneut entschuldigt.*

4. V. refl. *sich erneuern*
5. V. refl. *sich wiederholen; wiedererwachen*

repräsentieren V. tr. / V. intr.

1. V. tr. (Lit.) *rappresentare* [kein FF]

Er repräsentiert eine Versicherungsgesellschaft.	*Rappresenta una compagnia di assicurazione.*

2. V. tr. (Pol.) *appresentare* [kein FF]

Der Präsident repräsentiert sein Land, und jedes Land hat den Präsidenten, den es verdient.	*Il presidente rappresenta il suo paese ed ogni paese ha il presidente che si merita.*

3. V. tr. (Lit.) *impersonare*

Sie repräsentierte Ophelia.	*Impersonò Ofelia.*

4. V. intr. *fare effetto; curare la propria^{FF} immagine; mettersi in luce*

Requisit n.

1. (Theater; Film; Pl.) *accessori; attrezzeria di scena^{FF}*

die Requisitenkammer	*il magazzino degli attrezzi*

2. (Lit.) *accessorio*

ein beliebtes Requisit	*un accessorio prediletto*

Residenz f.

1. *residenza* [kein FF]

die Sommerresidenz	*la residenza estiva*

2. *(città di) residenza; città residenziale*

das Residenztheater	*il teatro della città residenziale*

rappresentare V. tr. / V. refl.
1. V. tr. (Lit.) *repräsentieren* [kein FF]; *vertreten*
2. V. tr. *ausmalen; zeigen; erzählen*
3. V. tr. *darstellen*

Questo quadro di Picasso rappresenta il suo primo figlio Pablito travestito^{FF} da arlecchino.	*Dieses Gemälde von Picasso stellt seinen ersten Sohn Pablito, der als Harlekin verkleidet ist, dar.*

4. V. tr. *symbolisieren*

La colomba bianca^{FF} rappresenta la pace.	*Die weiße Taube symbolisiert den Frieden.*

5. V. tr. (Theater) *aufführen; geben; spielen*

Al teatro Politeama rappresentano «Sei personaggi in cerca d'autore» di Pirandello.	*Am Theater „Politeama" wird „Sechs Personen suchen einen Autor" von Pirandello gegeben.*

6. V. refl. *sich vorstellen*

requisito m.
1. *Voraussetzung*

Ha tutti i requisiti per fare carriera.	*Er hat alle Voraussetzungen, um Karriere zu machen.*

2. *gute Eigenschaft; Qualität*

residenza f.
1. *(amtlicher) Wohnsitz*

residenza principale	*Hauptwohnsitz*

2. *Residenz* [kein FF]
3. *Residenz(stadt)*

Respekt m.

1. *rispetto* [kein FF]; *stima; considerazione*

Er wurde immer mit Respekt behandelt.	*È stato sempre trattato con rispetto.*
Bei allem Respekt vor ihm finde ich sein letztes Buch totlangweilig.	*Con tutto il rispetto per lui, io trovo il suo ultimo libro mortalmente noioso.*

2. *rispetto* [kein FF]; *soggezione; timore*

Sie kann sich schon Respekt verschaffen.	*Sa ben farsi rispettare.*
Mario hat einen gewissen Respekt vor Hunden.	*Mario ha un certo timore dei cani.*

revidieren V. tr.

1. (ändern) *rivedere* [kein FF]; *correggere*

Die Bürger haben ihre Meinung revidiert.	*I cittadini hanno corretto il loro parere.*

2. (verändern) *rivedere* [kein FF]; *modificare*

Der Vertrag wurde zum dritten Mal revidiert.	*Il contratto è stato modificato per la terza volta.*

3. (überprüfen) *rivedere* [kein FF]; *esaminare; controllare*

Es fehlt noch jemand, man muss die Liste revidieren.	*Manca ancora qualcuno, bisogna riesaminare la lista.*

rispetto m.
1. *Respekt* [kein FF]; *Achtung*
2. *Respekt* [kein FF]; *Scheu*
3. *Ehrfurcht*

Entrò in chiesa e s'inginocchiò con rispetto.	*Er betrat die Kirche und kniete mit Ehrfurcht nieder.*

4. *Rücksicht*

Fuma senza rispetto per le persone che gli stanno attorno.	*Er raucht ohne Rücksicht auf die Leute zu nehmen, die um ihm stehen.*

5. (Pl.) *Ehrerbietung*

I miei rispetti alla signora.	*Meine Ehrerbietung an Ihre Frau.*

6. *Befolgung; Beachtung*

il rispetto delle leggi	*die Beachtung der Gesetze*

rivedere V. tr. / V. refl.
1. V. tr. *wiedersehen; wieder erblicken*

Quando rivediamo tua madre?	*Wann sehen wir deine Mutter wieder?*

2. V. tr. *revidieren* [kein FF]; *überprüfen; durchsehen; nachsehen; redigieren*[FF]

Bisogna rivedere il manoscritto prima di consegnarlo in redazione.	*Man müsste das Manuskript durchsehen, bevor man es in der Redaktion abgibt.*

3. V. tr. (neu interpretieren) *revidieren* [kein FF]

Il gruppo teatrale rappresenta[FF] la storia di Cenerentola, naturalmente rivista e messa in scena in modo moderno.	*Die Theatergruppe stellt die Geschichte von Aschenputtel vor, natürlich revidiert und modern inszeniert.*

4. V. refl. *sich wiedersehen*

Arrivederci!	*Auf Wiedersehen!*

rezitieren V. tr.
recitare [kein FF]; *declamare*

Das Mädchen hat einige Verse^{FF} des italienischen Dichters Giovanni Pascoli rezitiert.	*La bambina ha declamato alcuni versi^{FF} del poeta italiano Giovanni Pascoli.*

Robe f.
1. (Lit.) *abito da sera*

Beim Opernball trug die Prinzessin eine Seidenrobe.	*Al ballo^{FF} dell' opera la principessa indossava un abito da sera di seta.*

2. *toga; abito talare; tonaca*

Unter der Richterrobe ist ein Mensch, der nicht unfehlbar ist.	*Sotto la toga del giudice c' è un uomo che non è infallibile.*

Robe

roba

recitare V. tr. / V. intr.
1. V. tr. *rezitieren* [kein FF]*; vortragen; aufsagen*
2. V. tr. *sprechen*

recitare le preghiere delle sera	*die Abendgebete sprechen*

3. V. tr. (Theater; Film) *spielen; aufführen*
4. V. tr. *bekannt geben; auspacken*
5. V. tr. (Theater; Film) *spielen*

Recitava con preferenza i drammi di Brecht.	*Er spielte am liebsten Brechts Dramen.*

6. V. intr. *Theater spielen*

Smettila di recitare!	*Hör auf mit dem Theater!*

roba f.
1. *Sachen; Eigentum; Vermögen*

roba di valore	*Wertsachen*

2. *Sachen; Zeug; Gerät*

Dov'è la mia roba da ginnastica? Che roba è?	*Wo sind meine Gymnastiksachen? Was ist das für ein Zeug?*

3. (Kleidung) *Sachen*

Incomincia a fare caldo[FF] proprio ora che abbiamo messo via la roba estiva.	*Es wird wieder warm, gerade jetzt da wir die Sommersachen weggelegt haben.*

4. *Esswaren*

Al ricevimento c'era tanta roba buona.	*Beim Empfang gab es viele gute Sachen zum Essen.*

5. *Ware; Gut; Sache*

roba di prima qualità	*erstklassige Ware*

6. («roba da» ...) *es ist zum ...; man könnte ...*

roba da piangere	*es ist zum Heulen*

7. *Sache; Angelegenheit*

Non è roba che t'interessa.	*Das soll dich nicht interessieren.*

rollen V. intr. / V. tr. / V. refl.
1. V. intr. *girare; rotolare; scorrere*

Lass die Würfel rollen!	*Fa' rotolare i dadi!*
Über das Gesicht des Kindes rollten zwei große Tränen.	*Sul viso del bambino scorrevano due lacrimoni.*

2. V. intr. *girarsi*

Er hat sich die ganze Nacht im Bett gerollt.	*Si è girato tutta la notte nel letto.*

3. V. intr. *muoversi; viaggiare; rollare* [kein FF]
4. V. intr. *rimbombare*

das Echo rollt	*l'eco rimbomba*

5. V. tr. *(far) girare; (far) rotolare*
6. V. tr. *arrotolare; avvolgere*

Die Soldaten rollten ihre Decken zusammen.	*I soldati arrotolarono le loro coperte.*

7. V. tr. *rotare*

Viele Deutschen können das „r" nicht rollen.	*Molti tedeschi non sono capaci di rotare la erre.*

8. V. refl. *rotolarsi*

Wie schön sich im Sand zu rollen!	*Che bello rotolarsi nella sabbia!*

9. V. refl. *ondularsi*

Wegen der Feuchtigkeit hat sich das Papier gerollt.	*La carta[FF] si è ondulata a causa dell'umidità.*

Romanze f.
1. (Lit.) *romanza* [kein FF]
2. (Mus.) *romanza* [kein FF]
3. (ugs.) *romanzo (d'amore); storia d'amore; love story*

Sie hat eine Romanze nach der anderen gehabt.	*Ha avuto una storia d'amore dopo l'altra.*

rollare V. tr. / V. intr.
1. V. tr. *zusammenrollen; aufrollen*
2. V. intr. *rollen* [kein FF]

La nave rollava in un modo insopportabile.	*Das Schiff rollte auf einer unerträglichen Art und Weise.*

rullare V. intr. / V. tr.
1. V. intr. *rollen* [kein FF]
2. V. tr. *dröhnen*

rullano i tamburi	*die Trommeln dröhnen*

3. V. intr. *wirbeln*
4. V. tr. *walzen; planieren*

Prima di cospargere l'asfalto gli operai rullarono il terreno.	*Bevor sie den Asphalt auftrugen, planierten die Bauarbeiter die Straße.*

romanza f.
1. (Lit.) *Romanze* [kein FF]
2. (Mus.) *Romanze* [kein FF]; *Lied*

Gli piacevano quasi tutti i generi musicali tranne le romanze.	*Er mochte fast jede Art Musik außer Romanzen.*

rumoren V. intr.
1. *fare un rumore cupo /sordo*
2. *fare rumore armeggiando (con qualcosa)*
3. (in Bezug auf den Magen) *brontolare*

In seinem Magen rumorte es schon und er hatte nichts zu essen.	*Il suo stomaco brontolava già e lui non aveva niente da mangiare.*

4. (fig.) *agitare*[FF]
5. (Pol.) (selten) *rumoreggiare* [kein FF]; *protestare; suscitare disordini/ tumulti*

Die Studenten sind unzufrieden, in vielen Universitäten rumort es schon.	*Gli studenti sono insoddisfatti, si protesta già in molte università.*

rumoreggiare V. intr.

1. *lärmen; dröhnen; grollen; brausen*

Il mare rumoreggia lontano.	*Das Meer braust in der Ferne.*

2. *rumoren* [kein FF]; *murren*

Gli spettatori cominciarono a rumoreggiare.	*Die Zuschauer fingen an zu murren.*

3. *sagen; sich herumsprechen; munkeln*

Si rumoreggiava che la signora del primo piano avesse una storia d'amore con l'inquilino del quarto.	*Es wurde gemunkelt, dass die Dame vom zweiten Stock eine Romanze[FF] mit dem Mieter vom vierten Stock hatte.*

Sakko m. / n.
giacca (da uomo)

Sakkoanzug Er trug Sakko und Krawatte.	*spezzato* *Portava giacca e cravatta.*

Sakko

sacco

Salto m.
1. (Sport) *salto mortale*

Alle Zuschauer im Zirkus blieben andächtig still, als der Artist[FF] sich für den Salto vorbereitete.	*Tutti gli spettatori nel circo rimasero in rispettoso silenzio, mentre l'acrobata si preparava[FF] a fare il salto mortale.*

2. *looping*

Salut m.
(Mil.) *salva (di saluto)*

Die Soldaten stellen sich für den Salut auf.	*I soldati si misero in fila per la salva di saluto.*

sacco m.

1. *Sack* [kein FF]

un sacco di farina	*ein Sack Mehl*

2. (ugs.) *Haufen; Menge*

Hanno speso un sacco di soldi in medicine.	*Sie haben ein Haufen Geld für Medikamente ausgegeben.*

3. (Biologie; Anatomie) *Sack* [kein FF]; *Beutel*

sacco lacrimale	*Tränensack*

4. (ugs. regional) *Tausend-Lire-Schein*

salto m.

1. *Sprung*

Quando seppe di aver vinto al lotto[FF] fece salti di gioia.	*Als er erfuhr, dass er im Lotto[FF] gewonnen hatte, machte er Freudenssprünge.*
salto in alto	*Hochsprung*

2. (ugs. Pl.) *Tänzchen*

Andiamo a fare quattro salti?	*Gehen wir das Tanzbein schwingen?*

3. *Fallhöhe; Gefälle*

un salto d'acqua	*Wassergefälle*

saluto m.

1. *Gruß; (Be-)Grüßen*

Porga i miei saluti alla signora.	*Richten Sie Ihrer Frau meine Grüße aus.*

2. *Grußwort*

Il Presidente del Consiglio ha rivolto un saluto agli ospiti stranieri.	*Der Ministerpräsident hat ein Grußwort an die ausländischen Gäste gerichtet.*

3. (Mil.) *Grüßen*

salutieren V. intr.

1. *salutare (militarmente); fare il saluto (militare)*

Den Militärdienst mochte er ganz und gar nicht: Was ihn dabei am meisten störte, waren die vielen offiziellen Anlässe, bei denen er ständig salutieren musste.	*Il servizio[FF] militare non gli piaceva per niente: più di tutto gli davano fastidio le molte cerimonie ufficiali in cui doveva di continuo fare il saluto militare.*

2. *sparare una salva*

sanitär Adj.

1. (in Bezug auf Hygiene) *igenico; sanitario* [kein FF]

Die sanitären Anlagen des Hotels ließen zu wünschen übrig.	*Gli impianti sanitari dell'albergo lasciavano a desiderare.*

2. (in Bezug auf Einrichtungen) *sanitario* [kein FF]

Schal m.

1. *sciarpa*

ein Wollschal	*una sciarpa di lana*

2. *soprattenda*

Schickeria f.

jet-set; jet-society; gente bene; (Adj.) *bene*

Die Münchner Schickeria kauft in der Theatinerstraße.	*La Monaco bene compra nella Theatinerstraße.*

salutare V. tr. / V. refl.
1. V. tr. *grüßen; begüßen; sich verabschieden*

Il Papa ha salutato la folla con la mano.	*Der Papst hat der Menge zum Abschied gewinkt.*

2. V. tr. (Mil.) *salutieren* [kein FF]; *grüßen*
3. V. tr. *grüßen lassen*

Mia sorella ti saluta.	*Meine Schwester läßt dich grüßen.*

4. V. tr. *besuchen*

Quando venite a salutarci?	*Wann kommt ihr uns besuchen?*

5. V. refl. *sich grüßen; sich verabschieden*

sanitario Adj. / m.
1. Adj. (Hygiene) *sanitär* [kein FF]
2. Adj. (Einrichtungen) *sanitär* [kein FF]
3. Adj. *Gesundheits-; Amts-*

ufficiale sanitario	*Amtsarzt*

4. Adj. *Krankenhaus-*

Sciopero del personale sanitario.	*Das Krankenhauspersonal streikt.*

5. Als Substantiv: *Arzt*
6. Als Substantiv (Pl.): *Hygieneartikel*
7. Als Substantiv (Pl.): *Sanitäreinrichtungen*

scialle m.
Schultertuch; Umschlagtuch

Nell'Italia del sud molte donne anziane portano lo scialle, di solito nero.	*In Süditalien tragen viele alte[FF] Frauen ein Schultertuch, meistens schwarz.*

sciccheria f.
(ugs.) *Schick;* (Adj.) *schick*

Che sciccheria questo cappotto!	*Was für ein schicker Mantel!*

Sektion f.

1. (Verwaltung) *sezione* [kein FF]

die örtliche Sektion der SPD	*la sezione locale del Partito Socialdemocratico Tedesco*

2. *divisione*

„Die Astronauten haben sich um 16 Stunden verrechnet", berichtete Rüdiger Jahn von der Sektion Missionsanalyse der ESA (European Space Agency).	*«Gli astronauti si sono sbagliati di sedici ore», ha riferito[FF] Rüdiger Jahn della divisione analisi missioni dell'ESA (European Space Agency).*

3. (Med.) *autopsia*

Da der Inspektor nicht überzeugt war, dass es sich um einen Selbstmord handelte, ließ er eine Sektion durchführen.	*Non essendo convinto che si trattasse di un suicidio, l'ispettore fece eseguire un'autopsia.*

4. (Techn.) *elemento prefabbricato*
5. (Universität) *dipartimento*

Sensation f.

1. (Lit.) *sensazione* [kein FF]
2. *sensazione* [kein FF]; *colpo; scalpore*

Die Verleihung des Literaturnobelpreises an den linken Schauspieler, Schriftsteller und Bühnendichter Dario Fo ist eine große Sensation gewesen.	*L'assegnazione del premio Nobel per la letteratura all'attore, scrittore e drammaturgo di sinistra Dario Fo ha suscitato scalpore.*

3. *sensazione* [kein FF]; *fatto sensazionale*

die Sensation des Jahres	*l'evento dell'anno*

sezione f.

1. (Verwaltung) *Sektion* [kein FF]; *Abteilung; Abschnitt*

| la sezione amministrativa | *die Verwaltungsabteilung* |

2. (jur.) *Kammer*

| la sezione civile**FF** | *die Zivilkammer* |

3. (Mil.) *(Sonder-)Einheit*
4. (Verwaltung) *Bezirk*
5. (Schule) *Kurs*^{FF}; *Klasse*
6. (Pol.) *Ortsgruppe*

| La sezione del Pds di Chianciano Terme disapprova le affermazioni del segretario di partito. | *Die Ortsgruppe der Pds von Chianciano Terme missbilligt die Aussagen des Parteivorsitzenden.* |

7. (Math.; Techn.) *Schnitt*

| sezione sagittale | *Längsschnitt* |

8. *Abschnitt*

| Il libro è diviso in cinque sezioni. | *Das Buch ist in 5 Abschnitte eingeteilt.* |

9. (Med.) *Entfernung; Sezierung*
10. (Biologie) *Präparat*

sensazione f.

1. *Empfindung; Gefühl*

| sensazione di benessere | *Wohlgefühl* |

2. *Eindruck; Gefühl*

| Aveva la sensazione che lo stessero prendendo in giro. | *Er hat das Gefühl, dass er auf den Arm genommen wurde.* |

3. *Sensation* [kein FF]; *Aufsehen*
4. *Sensation* [kein FF]; *sensationelles Ereignis*

sensibel Adj. / Adv.
1. *sensibile* [kein FF]

Der Grund für die Scheidung war allen klar: Sie liebte einen anderen, wollte es aber öffentlich nicht zugeben und sagte immer, dass ihr Mann vollkommen unsensibel ihr gegenüber gewesen sei.	*Per tutti il motivo del divorzio era evidente: amava un altro, pubblicamente però non lo voleva ammettere e diceva in continuazione che suo marito era stato del tutto insensibile nei suoi confronti.*

2. (Med.) *sensibile* [kein FF]
3. *delicato*

eine Salbe für die sensible Kinderhaut	*una pomata^{FF} per la pelle delicata dei bambini*

seriös Adj. / Adv.
1. *serio* [kein FF]; *onesto; probo; retto*

Wie kam es, dass er die Gesellschaft von seriösen Männern und raffinierten^{FF} Damen als äußerst langweilig empfand?	*Come mai trovava la compagnia di uomini seri e signore raffinate^{FF} terribilmente noiosa?*

2. *dignitoso; severo*
3. *serio* [kein FF]; *fidato*

Nach den schlechten Erfahrung mit billigen aber unzuverlässigen Zulieferern beschloss er, in der Zukunft nur mit seriösen Firmen^{FF} zusammenzuarbeiten.	*Dopo le cattive esperienze con fornitori poco costosi ma inaffidabili decise di collaborare^{FF} in futuro solo con ditte serie.*

4. *solido*
5. *benintenzionato* [kein FF]

Sein Angebot ist seriös.	*La sua è un' offerta seria.*

sensibile Adj.
1. *sinnlich*
2. *sinnlich (wahrnehmbar)*

il mondo sensibile	*die sinnlich wahrnehmbare Welt*

3. *spürbar; deutlich; relevant*

Nella politica del P.P.I. c'è stato un sensibile cambiamento.	*In der Politik der Italienischen Volkspartei hat es eine deutliche Änderung gegeben.*
La temperatura si è abbassata in modo sensibile.	*Die Temperatur ist spürbar gesunken.*

4. *empfindlich; empfindungsfähig; empfänglich (für)*

È sempre stato sensibile alla musica.	*Er ist immer für Musik empfänglich gewesen.*

5. *sensibel* [kein FF]; *feinfühlig; (über)empfindlich; mimosenhaft*

un'anima sensibile	*eine empfindsame Seele*

6. (Techn.) *empfindlich*

serioso Adj.
übertrieben ernst

serio Adj.
1. *ernst; ernsthaft*
2. *ernst; besorgt*

Perché fai quella faccia seria?	*Warum machst du ein so ernstes Gesicht?*

3. *seriös* [kein FF]; *ernst; vertrauenswürdig; respekteinflösend; würdevoll*
4. *anständig*
5. *wichtig; ernst*
6. *würdevoll; streng*

Davanti alla faccia seria del preside gli scolari stavano subito zitti.	*Vor dem strengen Gesicht des Schuldirektors schwiegen die Schüler sofort.*

7. *gravierend; ernst zu nehmend*

Ha una malattia seria.	*Er hat eine ernsthafte Krankheit.*

Service [-'viːs] n.
(zusammengehöriges Tischgeschirr) *servizio* [kein FF]

Meine Großmutter gab immer mit ihrem Teeservice aus Meißener Porzellan an: Wie sich später herausstellte war es eine Fälschung.	*Mia nonna si vantava di avere un servizio da tè di porcellana di Meißen: in seguito si seppe che era contraffatto.*

Service [səːvis] n. / m.
1. (Leistungen; Bedienung) *servizio* [kein FF]

Der Service in diesem Restaurant ist miserabel. Kundenservice	*Il servizio in questo ristorante è pessimo. servizio al cliente*

2. (Techn.) *assistenza tecnica*
3. (Techn.) *punto di assistenza (tecnica)*

Wenn Sie Probleme mit dem Mixer haben, können Sie sich jederzeit an unsere Service-Stelle wenden.	*Se ci dovessero essere dei problemi con il frullatore, si può rivolgere in qualsiasi momento al nostro punto di assistenza tecnica.*

4. (Sport; Tennis) *servizio* [kein FF]

Boris Becker hat verloren, weil er im letzten Satz zwei Mal sein Service nicht halten konnte.	*Boris Becker ha perso perché nell'ultimo set per due volte non ha saputo tenere il servizio.*

Sex m.
1. (Sexualität) *sesso* [kein FF]
2. *rapporti sessuali; sesso* [kein FF]

Sex haben	*avere rapporti sessuali*

servizio m.
  1. *Dienst*

auto di servizio	*Dienstwagen*
fuori servizio	*außer Dienst*

  2. (Leistungen) *Service* [kein FF]
  3. *Bedienung; Service* [kein FF]; *Gedeck*

servizio compreso	*Bedienung inbegriffen*

  4. *Dienst; Wehrdienst*

Presta servizio in Marina.	*Er dient in der Marine.*

  5. *Verkehrs(betrieb); Verkehrsmittel*

servizio tramviario	*Straßenbahnverkehr*

  6. *Dienstleistung; Bedienung*
  7. *Bericht; Reportage*

Sentiamo ora il servizio del nostro corrispondente a Roma.	*Hören wir jetzt den Bericht unseres Korrespondenten in Rom.*

  8. *Gefallen; Dienst*

Mi puoi fare un servizio?	*Kannst du mir einen Gefallen tun?*

  9. (ugs. oft Pl.) *Besorgung(en)*
  10. (Sport) *Service* [kein FF]
  11. (in Bezug auf Wohnung u. ä.; Pl.) *Küche und Bad*

Affittasi appartamento[FF] tre camere più servizi.	*Wohnung zu vermieten – drei Zimmer, Küche und Bad.*

  12. (zusammengehöriges Tischgeschirr) *Service* [kein FF]

sesso m.
1. *Geschlecht*

Gli uomini – il sesso forte?	*Die Männer – das starke Geschlecht?*

2. *Geschlechts(organe); Scham*
3. *Sexualität; Sexualleben; Sex* [kein FF]

simpel Adj. / Adv.

1. *semplice* [kein FF]; *non difficile*[FF] *; elementare; chiaro*

| ein simples Beispiel | *un esempio semplice* |

2. *manifesto; evidente; notorio*

| Es ist eine simple Tatsache, dass die Geburten in Italien abnehmen. | *È un fatto noto che le nascite in Italia diminuiscono.* |

3. (negativ konnotiert) *semplice* [kein FF]; *modesto; ordinario*

| Marta ist eine simple, ungebildete Frau. | *Marta è una donna semplice e rozza.* |

4. (negativ konnotiert) *semplice* [kein FF]; *ingenuo; sciocco*

| Er ist ein simples Gemüt und glaubt immer an alles. | *È un anima semplice e crede sempre a tutto.* |

5. *comune; ordinario; semplice* [kein FF]

Skalpell n.
bisturi

| Nach jeder Operation müssen die Skalpelle sterilisiert werden. | *Dopo ogni operazione i bisturi devono essere sterilizzati.* |

Skizze f.

1. (Kunst) *schizzo* [kein FF]; *abbozzo; bozzetto*

| das Skizzenbuch | *un album*[FF] *di schizzi* |

2. (Lit.; kurze Beschreibung) *schizzo* [kein FF]; *abbozzo*
3. (Konzept) *abbozzo; traccia;* (selten) *schizzo* [kein FF]

| Sie haben eine Skizze der Rede für den Kongress gemacht. | *Hanno fatto un abbozzo del discorso per il congresso.* |

Skizze

schizzo

semplice Adj.
1. *einzeln; einfach*

un nodo semplice	*ein einfacher Knoten*

2. *simpel* [kein FF]; *einfach; leicht*

C'è una spiegazione molto semplice per questo mistero.	*Es gibt eine sehr leichte Erklärung für dieses Rätsel.*

3. *schlicht; einfach; anspruchslos; bescheiden*

una semplice cena tra amici	*ein schlichtes Abendessen unter Freunden*
Ha gusti semplici.	*Sie hat einen einfachen Geschmack.*

4. (negativ konnotiert) *simpel* [kein FF]; *einfältig; beschränkt*
5. (vor dem Hauptwort) *rein; bloß; pur; nur; nichts als*

È andato a vedere quel film per semplice curiosità.	*Er ist aus reiner Neugier in jenen Film gegangen.*

scalpello m.
1. *Meißel; (Stech-)Beitel; Bohrmeißel*
2. (Med.) *Knochenmeißel*
3. (im übertragenen Sinne) *Steinmetz; Bildhauer*

l'arte dello scalpello	*die Bildhauerkunst*

schizzo m.
1. *Spritzer*

Sui suoi vestiti c'era uno schizzo di sangue.	*Auf ihren Kleidern war ein Blutspritzer.*

2. (ugs.) *Schuss*

caffè con lo schizzo	*Kaffee mit Schuss*

3. *Sprung; Satz*
4. (Kunst) *Skizze* [kein FF]
5. (Lit.) *Skizze* [kein FF]
6. *kurze Schilderung; Kurzbericht*
7. (Konzept) *Skizze* [kein FF]

Skript n.
1. *manoscritto*
2. *dispensa (universitaria)*
3. (Film) *copione; sceneggiatura (cinematografica)*

Der sizilianische Schriftsteller Andrea Camilleri, der in den letzten Jahren für seine Krimis berühmt geworden ist, hat viele Skripten für das Fernsehen geschrieben.	*Lo scrittore siciliano Andrea Camilleri, che negli ultimi anni è diventato famoso per i suoi gialli, ha scritto molti copioni per la televisione.*

skurril Adj. / Adv.
1. (Lit.) *strano; stravagante; strambo; sui generis*

Er ist wirklich eine skurrile Type.	*È davvero un tipo sui generis.*

2. *strano; singolare; curioso[FF]*

Was für eine skurrile Idee!	*Che strana idea!*

solid/e Adj. / Adv.
1. *solido* [kein FF]
2. (ohne Extravaganzen) *solido* [kein FF]; *serio; austero; senza fronzoli*

Das Haus ist solide eingerichtet.	*La casa è arredata in modo austero.*

3. (in Bezug auf Arbeit) *accurato; diligente; preciso*

Sie haben eine solide Arbeit gemacht.	*Hanno fatto un lavoro accurato.*

4. (auf solider Basis) *solido* [kein FF]; *ben fondato; profondo*

Er hat eine solide Bildung.	*Ha una profonda cultura.*

5. (Person) *solido* [kein FF]; *serio; posato; quadrato*

scritto m.
1. *Geschriebenes; Text*
2. *schriftliche Prüfung*

| Ha superato brillantemente lo scritto. | *Sie hat die schriftliche Prüfung glänzend bestanden.* |

3. *Werk; Schrift; Schriftstück*

| gli scritti giovanili di Goethe | *die Jugendwerke von Goethe* |

4. *Schreiben*

| La ringraziamo per il Suo scritto. | *Wir bedanken uns für Ihr Schreiben.* |

5. *Schrift*

| uno scritto illegibile | *eine unleserliche Schrift* |

scurrile Adj.
1. *lasziv; schlüpfrig*

| Ha raccontato storie scurrili tutta la sera. | *Er hat den ganzen Abend schlüpfrige Geschichten erzählt.* |

2. *vulgär; unflätig*

| Il suo è un umorismo scurrile. | *Sein Humor [FF] ist vulgär.* |

solido Adj.
1. *fest*
2. (Geom.) *dreidimensional; Stereo-*
3. *solide* [kein FF]; *fest; stabil[FF]*

| È una solida costruzione degli anni 50. | *Es ist ein solides Gebäude aus den 50er Jahren.* |

4. *kräftig; stark; robust*
5. *effektiv[FF]; konkret*
6. *dauernd; dauerhaft*
7. (fig.) *massiv[FF]; kompakt; lückenlos*
8. (ohne Extravaganzen) *solide* [kein FF]
9. (Person) *solide* [kein FF]; *anständig*

Solo n.
1. (Mus.) *assolo*
2. (Theater) *assolo*
3. (Sport „Alleingang") *assolo*

Solo von Roberto Baggio und Tor!	*Assolo di Roberto Baggio e goal!*

solo Adv.
1. (Mus.) *da solo*
2. (ugs. ohne Partner) *solo* [kein FF]; *da solo*

Er ist schon wieder solo.	*È di nuovo da solo.*

Sorte f.
1. *specie; genere; qualità*; *sorta* [kein FF]; *tipo*

In unserem Laden finden Sie Töpfe in allen Sorten und Preislagen.	*Nel nostro negozio trova pentole di tutti i tipi e di ogni prezzo.*
Diese Sorte Kaffee entspricht nicht meinem Geschmack.	*Questo tipo di caffè non è di mio gusto.*

2. (Botanik) *varietà*

Dank seiner mikroklimatischen Vielfalt wachsen in Kolumbien unzählige Blumensorten.	*Grazie alla varietà dei microclimi in Colombia crescono infinite varietà floreali.*

3. (ugs.; oft negativ konnotiert) *sorta* [kein FF]; *specie*

Er ist ein Schuft der schlimmsten Sorte.	*È un mascalzone della peggior sorta.*

solo Adj. / Adv. / Konjunktion
1. Adj. *allein; alleinstehend; einsam*

Viveva solo nella grande casa.	*Er lebte allein im großen Haus.*
solo come un cane	*mutterseelenallein*

2. Adj. *einzig; allein*

È il suo solo amico.	*Es ist sein einziger Freund.*

3. Adv. *nur; allein; bloß;* (zeitlich) *erst*

C'erano solo uomini nel bar.	*Im Café waren nur Männer.*

4. Als Konjunktion: *aber; nur*

In quel ristorante si mangia bene, solo è caro.	*In diesem Restaurant isst man gut, es ist aber teuer.*

sorta f.
Sorte [kein FF]; *Art*

Ma che sorta di amico sei?	*Was bist du für ein Freund?*
d'ogni sorta	*aller Art; alle möglichen ...*
di alcuna sorta	*keinerlei*
senza aiuto di sorta	*ohne jegliche Hilfe*

sorte f.
1. *Schicksal; Los*

una sorte crudele	*ein grausames Schicksal*

2. (Pl.) *Ausgang*

le sorti della battaglia	*der Ausgang der Schlacht*

3. *Schicksal; Zukunft*

Una zingara gli predisse la sorte.	*Eine Zigeunerin sagte ihm die Zukunft voraus.*

4. *Zufall*

per sorte	*zufällig*

sortieren V. tr.

assortire [kein FF]; *classificare; ordinare;* (Post) *smistare*

Sie hatte eine skurrile[FF] Art, Bücher zu sortieren: In einem kleinen Regal[FF] waren die Bücher der noch lebenden Autoren eingereiht, in den anderen die Bücher der schon verstorbenen Schriftsteller.	*Aveva un modo curioso[FF] di ordinare i libri: in un piccolo scaffale c'erano i libri degli autori ancora vivi, negli altri i libri degli scrittori già defunti.*

Souterrain n.

seminterrato

Die ganze Familie wohnte in einer kleinen und feuchten Souterrainswohnung.	*L'intera famiglia abitava in un seminterrato piccolo[FF] ed umido.*

souverän Adj. / Adv.

1. Adj. *sovrano* [kein FF]
2. Adj. (hist.) *sovrano* [kein FF]
3. Adj. (Pol.) *sovrano* [kein FF]

das Prinzip des souveränen Gleichheit der Staaten	*il principio dell'uguaglianza sovrana degli stati*

4. Adj. *superiore; sovrano* [kein FF]; *totale; assoluto*

ein souveräner Tennisspieler	*un giocatore di tennis superiore*

5. Adv. *con superiorità; con perfetta maestria; con grande sicurezza*

Er hat auf die Anschuldigungen souverän reagiert.	*Ha reagito alle accuse con grande sicurezza.*

assortire V. tr.
1. *sortieren* [kein FF]; *ordnen*
2. *zusammenstellen*

assortire una scatola di cioccolatini fatti a mano	*eine Schachtel handgemachter Pralinen zusammenstellen.*

3. *mit einem Sortiment versehen*

sortire V. tr. / V. intr.
1. V. tr. *erzielen; wirken*

sortire l'effetto contrario	*das Gegenteil bewirken*

2. V. intr. *hinausgehen; ausgehen; (das Haus) verlassen*

sotteraneo m. / Adj.
1. Als Substantiv: *(unterirdisches) Gewölbe; (unterirdischer) Gang*
2. Adj. *unterirdisch*

I ladri erano penetrati nella banca[FF] attraverso dei passaggi[FF] sotteranei.	*Die Räuber waren durch unterirdische Gänge in die Bank[FF] eingedrungen.*

sovrano Adj.
1. (Pol.) *souverän* [kein FF]

uno stato sovrano	*ein souveräner Staat*

2. (hist.) *souverän* [kein FF]

un principe sovrano	*ein souveräner Herrscher*

3. (fig.) *größt-; höchst-*
4. (überlegen) *souverän* [kein FF]

Spalier n.
1. *spalliera* [kein FF]

Spalierobst	*frutta a spalliera*

2. (fig. Menschenreihe) *ala*

Die Menschen standen Spalier, als der italienische Rockstar Gianna Nannini vorbeikam.	*La gente faceva ala al passaggio[FF] della stella del rock italiano Gianna Nannini.*

Spektrum n.
1. (Physik) *spettro* [kein FF]; *spettro (elettromagnetico)*
2. (Lit.) *varietà; molteplicità; gamma*

das breite Spektrum der Schönheitsprodukte auf dem Markt	*la vasta gamma dei prodotti di bellezza sul mercato*

Spelunke f.
1. *bettola*

Die Matrosen verbrachten die ganze Nacht in einer Spelunke am Hafen.	*I marinai passarono l'intera notte in una bettola del porto[FF].*

2. (veraltet) *spelonca* [kein FF]; *tugurio; topaia*

Im neapolitanischen Stadtviertel „Sanità" wohnen noch heute viele Familien in ungesunden Spelunken.	*Nel quartiere napoletano «Sanità» molte famiglie abitano ancor oggi in malsani tuguri.*

spalliera f.
1. *Rückenlehne*
2. (Bett) *Kopfteil; Fußteil*
3. *Spalier* [kein FF]

> una spalliera di rose rosse   *ein Spalier roter Rosen*

4. (Sport) *Sprossenwand*

spettro m.
1. *Geist; Gespenst*

> Hai paura degli spettri?   *Hast du Angst vor Gespenstern?*

2. (Personen) *Gespenst; Wrack*

> Mamma mia, come sei pallido!   *Mensch, bist du bleich! Du siehst wie*
> Sembri uno spettro.   *ein Gespenst aus.*

3. *(Schreck-)Gespenst*

> lo spettro della guerra   *das Schreckgespenst des Krieges*

4. (Physik) *Spektrum* [kein FF]
5. (Med.) *Bandbreite*

spelonca f.
1. *Höhle*
2. (fig.) *Schlupfwinkel; (Räuber-)Höhle*
3. *Höhle; Loch; Spelunke* [kein FF]

Spelunke

spelonca

spendieren V.tr.
offrire; regalare; pagare

Komm, ich spendiere dir einen Kaffee.	*Vieni, ti offro un caffè.*

Spesen Pl.
spese [kein FF]; *costi di esercizio*

zuzüglich der Spesen Ihr Honorar beträgt 3000 Euro exklusive Spesen für Porto[FF] und Telefon.	*al netto[FF] delle spese Il Suo onorario ammonta a 3000 euro, escluse le spese per il telefono e la posta.*

Spiritus m.
1. *alcol denaturato; spirito* [kein FF]

Spiritus eignet sich auch zum Fensterputzen. Spiritusbrenner	*Con l'alcol si possono anche pulire i vetri. fornello a spirito*

2. (Ling.) *spirito* [kein FF]

Spiritus asper	*spirito aspro*

3. (Rel.) *Spirito* [kein FF]

spendere V. tr.
1. *ausgeben (für)*

Ha speso un occhio della testa.	*Er hat ein Heidengeld ausgegeben.*

2. (fig.) *aufwenden; verwenden; opfern; einlegen; verschwenden*

Ha speso la sua vita nel suo lavoro di medico.	*Er hat sein ganzes Leben seiner Arbeit als Arzt gewidmet.*

spesa f.
1. *Ausgabe; Kosten*

spese inutili	*unnötige Ausgaben*

2. *(Ein-)Kauf;* (Pl.) *(Ein-)Käufe; einkaufen*

la borsa della spesa	*Einkaufstasche*
È stata un'ottima spesa.	*Es ist ein sehr guter Kauf gewesen.*

3. (Pl.) *Spesen* [kein FF]; *Auslagen; Kosten*
4. (Pl.) *Kost und Logis*

Ha lavorato per le spese.	*Er hat für Kost und Logis gearbeitet.*

spirito m.
1. *Spiritus* [kein FF]
2. (Ling.) *Spiritus* [kein FF]
3. (allg.) *Geist*

È uno spirito inquieto.	*Er ist ein unruhiger Geist.*

4. *Geist; Gespenst*

«La casa degli spiriti» è stato il primo grande successo di Isabel Allende.	*„Das Geisterhaus" ist der erste große Erfolg von Isabel Allende gewesen.*

5. *Gabe*

spirito d'osservazione	*Beobachtungsgabe*

6. *Geist; Sinn; Fähigkeit*

spirito di corpo	*Corpsgeist*

7. *Geist; Esprit; Witz; Humor*[FF]

stabil Adj.

1. *stabile* [kein FF]; *solido*[FF]; *robusto*

ein stabiles Regal[FF]	*uno scaffale robusto*

2. (fig.) *stabile* [kein FF]

Die Mark ist eine stabile Währung.	*Il marco è una valuta stabile.*

3. (Physik; Chemie) *stabile* [kein FF]

stabiles Atom	*atomo stabile*

4. *stabile* [kein FF]; *resistente*

Er hat eine stabile Gesundheit.	*Ha una salute stabile.*

Stadium n.
stadio [kein FF]; *fase*

Das ist zum Glück ein Übergangs-stadium.	*Per fortuna questa è una fase transitoria.*

Stange f.

1. *stanga* [kein FF]; *palo; bastone; pertica, barra; sbarra; asta*

Sie steuerten das Floß mit einer langen Stange.	*Governavano la zattera con una lunga pertica.*
Jetzt hat er sein letztes Geld ausgegeben und damit: Ende der Fahnenstange.	*Ora ha speso i suoi ultimi soldi e fine del palo.*

2. *bastoncino; stecca; filone*

eine Stange Zimt	*un bastoncino di cannella*

3. (Sport) *pertica; stanga* [kein FF]; *ostacolo*
4. (Hühnerstange) *posatoio*
5. (Gebissstange) *morso*

stabile Adj.
1. *stabil* [kein FF]; *fest*

un muro stabile	*stabile Mauer*

2. *beständig; gleichbleibend; dauerhaft*

un'amicizia stabile	*eine dauerhafte Freundschaft*

3. *fest*

Ha un lavoro stabile.	*Er hat eine feste Stelle.*

4. *stabil* [kein FF]; *robust*
5. (Theater) *ständig*

compagnia stabile	*ständige Theatergruppe*

6. (Wirt.) *unbeweglich; stabil* [kein FF]

beni stabili	*Immobilien*

stadio m.
1. (Sport) *Stadion*

Lo stadio Olimpico di Roma può ospitare fino a 80 000 spettatori.	*Das Olympiastadion in Rom kann bis zu 80.000 Zuschauer anufnehmen.*

2. *Stadium* [kein FF]; *Phase; Stufe*

stanga f.
1. *Latte*
2. *Trenngitter*
3. *Deichsel*

le stanghe del carro	*die Wagendeichsel*

4. *(Pflug-)Sterz*
5. (Sport) *Stange* [kein FF]
6. (fig., ugs. in Bezug auf Personen) *lange Latte; Bohnenstange*

Che stanga!	*Was für eine Bohnenstange!*

Station f.
1. *fermata; capolinea; stazione* [kein FF]

Von Marienplatz bis Universität sind es nur zwei U-Bahn Stationen.	*Da Marienplatz all'Università ci sono solo due fermate della metropolitana.*

2. (kleinerer Bahnhof) *stazione di provincia*

Die Regionalzüge halten an jeder Station.	*I treni regionali si fermano ad ogni stazione.*

3. (Rel.) *stazione* [kein FF]
4. *tappa; sosta; dimora*

Die Stationen seiner Tournee sind Mailand, Bologna, Florenz und Rom.	*Le tappe della sua tournee sono Milano, Bologna, Firenze e Roma.*

5. (fig.) *stazione* [kein FF]

die Lebensstationen	*le stazioni della vita*

6. (Wissenschaft) *stazione* [kein FF]
7. (Krankenhaus) *reparto*

die chirurgische Station	*il reparto di chirurgia*

stationär Adj. / Adv.
1. Adj. (Techn.) *fisso*

eine stationäre Bohrmaschine	*un trapano fisso*

2. Adj. (Med.; Wirt. u. a.) *stazionario* [kein FF]

Der Zustand des Patienten ist stationär.	*Lo stato del paziente è stazionario.*
eine stationäre Wirtschaft	*un'economia stazionaria*

3. Adj. (Med.) *ospedaliero; clinico*

eine stationäre Behandlung	*un trattamento ospedaliero*

4. Adv. *in ospedale; in clinica*

stazione f.
1. *Bahnhof; Station* [kein FF]

La stazione centrale di Bologna sarà oggetto di importanti trasformazioni sia sotto l'aspetto architettonico che quello tecnologico.	*Der Hauptbahnhof von Bologna wird Gegenstand sowohl von architektonischen als auch technologischen wichtigen Veränderungen sein.*
stazione marittima	*Hafen*
stazione aerea	*Flughafen*

2. *Station* [kein FF]; *Haltestelle*
3. (Lebensphase) *Station* [kein FF]
4. *(Ferien-)Ort*

stazione balneare	*Badekurort*

5. (Rel.) *Station* [kein FF]

le stazioni della via crucis	*die Stationen des Kreuzwegs*

6. (Wissenschaft) *Station* [kein FF]; *Warte*

una stazione meteorologica	*eine meteorologische Station*

stazionario Adj.
1. (Physik) *gleichbleibend*

temperatura stazionaria	*gleichbleibende Temperatur*

2. (Med.; Wirt.) *stationär* [kein FF]; *unverändert*
3. (Zool.) *Stand-*

uccelli stazionari	*Standvögel*

Statist m.
1. (Theater; Film) *comparsa; figurante*

In diesem schlechten Film[FF] sind die Statisten die besseren Schauspieler.	*In questo brutto[FF] film gli attori migliori sono le comparse.*

2. (fig.) *comparsa; figurante*

In dieser Geschichte ist er nur Statist gewesen.	*In questa storia lui è stato solo una comparsa.*

Stipendium n.
borsa di studio

Ohne Stipendium könnten viele Studenten gar nicht studieren.	*Senza borsa di studio per molti studenti sarebbe impossibile riuscire a studiare.*

Stoff m.
1. *stoffa* [kein FF]
2. (Materie) *sostanza; materia; materiale; stoffa* [kein FF]

Kunststoff	*materiale sintetico*

3. *argomento; tema; soggetto*

einen Stoff bearbeiten	*trattare un argomento*

4. (ugs.) *bevanda alcolica; alcol;* (ugs.) *droga*

strikt Adj. / Adv.
1. *rigoroso; stretto* [kein FF]; *severo*

strikte Einhaltung der Regeln	*rigorosa osservanza delle regole*
Sie hält gerade eine strikte Diät ein.	*Sta seguendo una dieta stretta.*

2. *preciso; chiaro; esatto*

Er hat von seinem Chef[FF] strikte Anweisungen bekommen.	*Ha ricevuto dal suo capo ordini precisi.*

3. *categorico; perentorio; indiscutibile[FF]*

ein strikter Befehl	*un ordine perentorio*

statista m.
Staatsmann

Statist

statista

stipendio m.
Lohn; Gehalt

Lo stipendio non aumenta automaticamente.	*Das Gehalt erhöht sich nicht automatisch.*

stoffa f.
1. *Stoff* [kein FF]; *Gewebe*

stoffa di seta	*seidener Stoff*

2. (Materie) *Stoff* [kein FF]
3. (fig.) *Talent; Begabung;* (ugs.) *Zeug*

Vorrebbe fare l'attore ma non ne ha la stoffa.	*Er würde gerne Schauspieler werden, er hat aber nicht das Zeug dazu.*

stretto Adj.
1. *schmal; eng; knapp*

Questi pantaloni sono troppo stretti.	*Diese Hose ist zu eng.*
una stretta maggioranza	*eine knappe Mehrheit*

2. *fest; festgepresst; geballt*
3. *eng; nah(e)*

Sono amici stretti.	*Sie sind enge Freunde.*

4. *strikt* [kein FF]; *streng*
5. *rein; unverständlich*

napoletano stretto	*der reine neapolitanische Dialekt*

Studio n.

1. *studio* [kein FF]; *atelier*

das Studio von Picasso in Paris	*l'atelier di Picasso a Parigi*

2. (Film; TV; Radio) *studio* [kein FF]

Aufnahmestudio	*studio di registrazione*

3. (Theater) *teatro sperimentale*
4. (Einzimmerwohnung) *monolocale*

Sein Traum war es gewesen, in einem Studio im Zentrum von Paris zu leben: Stattdessen musste er zu Hause bleiben und seinen Eltern im Geschäft auf dem Dorf helfen.	*Il suo sogno era stato di vivere in un monoloclale al centro di Parigi. Dovette invece restare a casa e aiutare i suoi genitori nel negozio del paese.*

studieren V. tr. / V. intr.

1. V. tr. *studiare* [kein FF]; *studiare all'università*

Seine Eltern haben ihn Medizin studieren lassen, obwohl er keine Lust dazu hatte.	*I suoi genitori gli hanno fatto studiare medicina anche se lui non ne aveva voglia.*

2. V. tr. (einüben) *studiare* [kein FF]

Sie hat ihre Rolle gut studiert.	*Ha studiato bene la sua parte.*

3. V. tr. (durchlesen) *studiare* [kein FF]

Er studierte die Speisekarte eine Stunde lang und bestellte dann nur etwas Käse.	*Studiò il menù per un'ora e ordinò poi solo un po' di formaggio.*

4. V. intr. *studiare (all'università)*

Studieren war nicht gerade Erichs Sache: Nach der Schule begann er ein Jurastudium, brach es nach kurzer Zeit ab und landete schließlich in der Politik.	*Studiare all'università non era cosa per Erich. Dopo la scuola si iscrisse a giurisprudenza, smise dopo poco e finì in politica.*

studio m.
1. *Studien; Lernen*

dedicarsi allo studio	*sich den Studien widmen*

2. (Schule; Universität) *Schule; Studium*

Dopo lo studio ha cominciato a lavorare.	*Nach dem Studium hat er zu arbeiten angefangen.*

3. *Studium; Forschung; Untersuchungen; Planung; Projekt*

uno studio sugli effetti della pioggia acida	*eine Untersuchung über die Auswirkungen des sauren Regens*

4. *Studie; Untersuchung; Abhandlung*
5 *Arbeitszimmer*
6. *Büro; Kanzlei; Praxis^{FF}; Studio* [kein FF]; *Atelier*
7. (Film; TV) *Studio* [kein FF]

studiare V. tr. / V. intr. / V. refl.
1. V. tr. *studieren* [kein FF]
2. V. tr. *lernen*

studiare l'italiano	*Italienisch lernen*

3. V. tr. *studieren* [kein FF]; *prüfen; untersuchen; zu begreifen suchen*

Ha studiato la vita sociale degli scimpanzè.	*Er hat das soziale Leben der Schimpansen untersucht.*

4. V. tr. *studieren* [kein FF]; *beobachten*

Ha studiato le mosse dell'avversario.	*Er hat die Manöver des Gegners beobachtet.*

5. V. intr. *die Schule besuchen; studieren* [kein FF]; *das Studium absolvieren^{FF}*
6. V. intr. *arbeiten; lernen;* (ugs.) *schuften; büffeln*
7. V. intr. *sich vorbereiten auf*
8. V. refl. *sich bemühen; sich anstrengen*
9. V. refl. *sich beobachten; sich betrachten*

I due cani si studiarono per un po' e poi fecero amicizia.	*Die zwei Hunde beobachteten sich eine Weile, dann schlossen sie Freundschaft.*

stupid Adj. / Adv.
1. (Personen) *stupido* [kein FF]; *ottuso; tardo*

ein stupider Mensch	*una persona ottusa*

2. (Objekte) *noioso; monotono*

Er führt ein stupides Leben.	*Conduce una vita noiosa.*

Sturm m.
1. *tempesta; burrasca; bufera*

die Ruhe vor dem Sturm	*la quiete prima della tempesta*

2. (Mil.) *violento attacco; assalto*

Jahrhundertelang nahmen Piraten die italienischen Küstenstädte im Sturm.	*Per secoli i pirati presero d'assalto le città costiere italiane.*

3. (fig.) *assalto*

Wenn der Winterschlussverkauf anfängt, nehmen schon in der Früh kriegerische Hausfrauen die Läden im Sturm.	*Quando iniziano i saldi invernali agguerrite casalinge prendono d'assalto già dalla mattina i negozi.*

4. (Sport) *assalto; attacco*

Substanz f.
1. *sostanza* [kein FF]

eine flüssige Substanz	*una sostanza liquida*

2. (Architektur) *patrimonio architettonico*

die Erhaltung der baulichen Substanz	*la conservazione del patrimonio architettonico*

3. *sostanze* [kein FF]; *averi; capitali*
4. *profondità;* (selten) *sostanza* [kein FF]

Dieses Buch hat wirklich Substanz.	*Questo libro è davvero profondo.*

stupido Adj.
1. (Personen) *stupid(e)* [kein FF]; *dumm; blöd(e)*

Non essere stupido, approfitta di questa bella occasione.	*Sei nicht dumm, nütze diese gute Gelegenheit aus.*

2. (Objekte) *töricht; dumm*

uno stupido scherzo	*ein dummer Scherz*

3. *unbedeutend; blöd*

uno stupido raffreddore	*eine blöde Erkältung*

stormo m.
1. (Mil.; veraltet) *Sturm* [kein FF]; *Schar*
2. (Zool.) *Schwarm; Schar*

uno stormo di rondini	*eine Schwalbenschar*

3. (Mil.) *Geschwader*

Sturm

stormo

sostanza f.
1. *Substanz* [kein FF]; *Stoff^{FF}; Wesen*
2. *Mittel*

sostanza alimentare	*Nährmittel*

3. (fig.) *Substanz* [kein FF]; *Wesentliches*

Bisogna badare alla sostanza.	*Man soll sich um das Wesentliche kümmern.*

4. (Lebensmittel) *Gehalt; Nährwert*
5. *Substanz* [kein FF]; *Gehalt; Wert; Charakter*
6. (Pl.) *Substanz* [kein FF]; *Vermögen; Besitz; Mittel*

subtil Adj. / Adv.
1. (Lit.) *sottile* [kein FF]; *fine; sagace; perspicace; acuto*[FF]

Die subtilen Anspielungen des Kabarettisten brachten alle zum Lachen.	*Le sottili allusioni del cabarettista fecero ridere tutti.*

2. *minuzioso; accurato*

eine subtile Ausarbeitung	*un'accurata elaborazione*

3. (Lit.) *sottile* [kein FF]; *complesso; complicato*

ein subtiles Problem	*un problema complesso*

synchronisieren V. tr.
1. (Film) *doppiare*

In Italien werden alle ausländischen Filme[FF] synchronisiert.	*In Italia si doppiano tutti i film[FF] stranieri.*

2. (Film) *sincronizzare* [kein FF]
3. (Techn.) *sincronizzare* [kein FF]

Syndikat n.
1. (Wirt.) *cartello; sindacato* [kein FF]
2. (Verbrechersyndikat) *raket; sindacato* [kein FF]

das Drogensyndikat	*il raket della droga*

sottile Adj.
1. *dünn; fein*

| un foglio di carta^{FF} sottile | *ein dünnes Blatt Papier* |

2. *schlank; dünn; schmal*

| Aveva grandi occhi azzurri, un naso regolare e labbra sottili. | *Sie hatte große blaue Augen, eine regelmäßige Nase und schmale Lippen.* |

3. *fein; dünn; leicht*

| una voce sottile | *eine dünne Stimme* |

4. *scharf*

| una vista sottile | *ein scharfer Blick* |

5. *fein; hoch*
6. *subtil* [kein FF]; *fein; genau; raffiniert*^{FF}
7. *subtil* [kein FF]; *kompliziert*
8. *spitzfindig; haarspalterisch*

sincronizzare V. tr.
synchronisieren [kein FF]; *anpassen; stellen … nach*

| Sincronizzò il suo orologio con quello della stazione per evitare di perdere nuovamente il treno. | *Er stellte seine Uhr nach der Bahnhofsuhr, um nicht nochmals den Zug zu verpassen.* |

sindacato m.
1. *Gewerkschaft; Arbeitnehmerverband*

| Durante il ventennio della dittatura fascista venne proibita ogni forma di sindacato. | *In den 20 Jahren faschistischer Diktatur wurde jede Form von Gewerkschaft verboten.* |

2. *Sitz des Arbeitnehmerverbandes*
3. (Wirt.) *Syndikat* [kein FF]; *Kartell*
4. (Wirt.) *Konsortium*
5. *(Verbrecher-)Syndikat; (Gangster-)Syndikat* [kein FF]

Szene f.

1. (Theater; Film) *scena* [kein FF]

zweiter Akt[FF], erste Szene	*atto[FF] secondo, scena prima*

2. *scena* [kein FF]

Jedes Mal wenn er die Szene betrat, stand der gleiche Zuschauer auf und verließ den Saal.	*Ogni volta che lui compariva sulla scena, uno spettatore, senpre lo stesso, si alzava e lasciava la sala.*

3. *scena* [kein FF]; *scenata*

Sie hat ihm eine furchtbare Szene gemacht.	*Gli ha fatto una scenata terribile.*

4. *scena* [kein FF]; *ambiente; milieu*

die politische Szene	*la scena politica*

5. („die Szene") *l'ambiente che conta; l'ambiente in*

Er hasste die Szene.	*Odiava gli ambienti in.*

scena f.

1. (Theater) *Bühne*

mettere in scena	*auf die Bühne bringen (inszenieren)*

2. (Theater) *Szene* [kein FF]; *Bühne*
3. (Teil eines Aktes) *Szene* [kein FF]; *Auftritt*
4. *Geschehen*
5. *Szenerie; Schauplatz*

la scena del delitto	*der Schauplatz des Mordes*

6. *Szenerie; Anblick*

Che scena triste!	*Was für ein trauriger Anblick!*

7. *Szene* [kein FF]; *Bühne*

la scena letteraria	*die literarische Szene*

Tablett n.
vassoio; guantiera

Der Kellner brachte ein großes Tablett mit Kanapees.	*Il cameriere portò una grande guantiera di tartine.*

Tablette f.
compressa; pastiglia

Er muss starke Tabletten gegen die Schmerzen einnehmen.	*Deve prendere delle forti pastiglie contro i dolori.*

Taille f.
vita

Sie hat immer noch eine schlanke Taille.	*Ha ancora una vita sottile.*

Taille

taglia

tailliert Adj
stretto in vita

Jaqueline trägt immer taillierte Kleider. Böse Zungen meinen, sie tue es nur, um Männer auf sich aufmerksam zu machen.	*Jaqueline porta sempre dei vestiti stretti in vita. Secondo le malelingue lo fa solo per fare colpo sugli uomini.*

tavoletta f.
1. (hist.) *(Schreib-)Täfelchen*

Gli antichi Romani incidevano su delle tavolette cerate i loro appunti, lettere, conti ecc.	*Die alten Römer ritzten auf gewachsten Schreibtäfelchen ihre Notizen[FF], Briefe, Rechnungen usw. ein.*

2. *Täfelchen*

una tavoletta di cioccolata	*eine Tafel Schokolade*

taglia f.
1. *Statur; Gestalt; Wuchs; Größe*

un cane di piccola taglia	*ein kleiner Hund*

2. *Größe*

Che taglia porta?	*Welche Größe tragen Sie?*

3. (hist.) *(Schütz-)Gebühr*
4. *Lösegeld*

La taglia è stata pagata, ma i rapitori non hanno ancora lasciata libera la signora Zuccotti.	*Das Lösegeld ist bezahlt worden, aber die Entführer haben Frau Zuccotti noch nicht freigelassen.*

5. *Kopfgeld; Belohnung*

Sul suo capo pendeva una grossa taglia.	*Auf seinen Kopf war eine hohe Belohnung ausgesetzt.*

tagliato Adj.
(P. P. von „tagliare") *geschnitten*

Jaqueline porta sempre vestiti ben tagliati.	*Jaqueline trägt immer gut geschnittene Kleider.*

Takt m.

1. (Mus.) *tempo*[FF]*; cadenza*

Frieda schaute den tanzenden Paaren zu und schlug mit dem Fuß den Takt.	*Frieda guardava le coppie che ballavano e batteva il tempo*[FF] *con il piede.*

2. (Mus.) *battuta; misura*
3. *ritmo*

im Takt bleiben	*tenere il ritmo*

4. (Techn.) *fase; tempo*[FF]*; corsa*

Viertaktmotor	*motore a quattro tempi*[FF]

5. (fig.) *tatto* [kein FF]; *discrezione*

Diese Angelegenheit muss man mit großem Takt behandeln.	*Questa faccenda va trattata con grande discrezione.*

Tapete f.
carta[FF] *da parati; tappezzeria*

Tasche f.

1. (allg.) *borsa; borsetta; cartella; bisaccia; astuccio; custodia*

Im Zug wurde ihr die Handtasche gestohlen.	*In treno le rubarono la borsetta.*
Sie trug immer eine große Akten[FF]-tasche voller Bücher mit sich herum.	*Si portava sempre dietro una grande cartella piena di libri.*

2. *tasca* [kein FF]; *taschino*
3. (Anatomie; Zool.) *borsa; tasca* [kein FF]

tatto m.

1. *Tastsinn*

La stoffa^{FF} era morbida al tatto.	*Der Stoff^{FF} fühlte sich weich an.*

2. *Takt* [kein FF]; *Fingerspitzengefühl*

mancanza di tatto	*Taktlosigkeit*
Non ha dimostrato^{FF} certo grande tatto Luigi chiedendo alla collega cicciottella se fosse incinta.	*Luigi hat sicherlich nicht besonders viel Fingerspitzengefühl bewiesen, als er die dickliche Kollegin fragte, ob sie schwanger sei.*

tappeto m.

1. (allg.) *Teppich*
2. (Sport) *Boden; Matte; Bretter*

andare al tappeto	*zu Boden gehen*
mettere al tappeto l'avversario	*den Gegner auf die Matte legen*

tasca f.

1. (an der Kleidung) *Tasche* [kein FF]

Togli le mani dalle tasche!	*Nimm die Hände aus den Taschen!*

2. (Anatomie; Zool.) *Tasche* [kein FF]; *Beutel*

tasca gengivale	*Zahnfleischtasche*

Tempo n.

1. *andatura; passo^FF;* (Sport) *velocità*

Sie fuhren mit hohem Tempo.	*Guidavano ad alta^FF velocità.*
in vollem Tempo	*a tutto gas*

2. *ritmo*

Das Arbeitstempo in Deutschland ist für viele ältere Mitarbeiter zu schnell.	*Per molti lavoratori anziani il ritmo di lavoro in Germania è troppo veloce.*

3. (Mus.) *tempo* [kein FF]

aus dem Tempo fallen	*andare fuori tempo*

Termin m.

1. *appuntamento; data; impegno (di lavoro)*

ein Arbeitstermin	*un appuntamento di lavoro*
Um fünf hatte sie einen Arzttermin.	*Alle cinque aveva un appuntamento dal medico.*

2. *termine (utile)* [kein FF]; *scadenza; data*

Der letzte Termin für die Steuererklärung ist morgen.	*L'ultimo termine utile per la dichiarazione dei redditi è domani.*

3. (jur.) *udienza; causa*

einen Termin anberaumen	*fissare un'udienza*

Theke f.

banco; bancone

Sie tranken ein Bier an der Theke.	*Bevvero una birra al banco^FF.*

tempo m.
1. *Zeit*
   Italienisches Sprichwort:

Il tempo è un gran dottore.	*Die Zeit heilt Wunden.*

2. *Takt^FF*
3. (Mus.) *Tempo* [kein FF]
4. (Sport) *Halbzeit*
5. (Film; Theater) *Teil*
6. *Wetter*

bel tempo	*schönes Wetter*

7. (Gram.) *Tempus* [kein FF]

termine m.
1. *Grenze*
2. *Ende; Schluss*

al termine della strada	*am Ende der Straße*

3. (Math.) *Term*
4. (Verwaltung) *Wortlaut*

a termini di legge	*nach dem Wortlaut des Gesetzes*

5. *Termin* [kein FF]; *Frist*

termine inderogabile	*unaufschiebbarer Termin*

6. (Pl.) *Punkt*

Abbiamo fissato i termini del contratto.	*Wir haben die Vertragspunkte festgelegt.*

7. (Ling.) *Wort; Ausdruck*
8. (Ling.) *Terminus; (Fach-)Ausdruck; Begriff*

teca f.
1. *Etui*
2. *Vitrine^FF*
3. *Reliquiar*

Nella teca si trovava un osso di San Girolamo.	*Im Reliquiar befand sich ein Knochen des Hl. Hieronymus.*

Tinte f.

1. *inchiostro*

Über das Thema der Toleranz wurde schon viel Tinte verspritzt.	*Sul tema della tolleranza sono stati già versati fiumi d'inchiostro.*
sympathetische Tinte	*inchiostro simpatico*

2. (Patsche) *guaio; impiccio*

Er sitzt in der Tinte.	*Si trova in un brutto[FF] impiccio.*

3. (Lit.) *tinta* [kein FF]

Es ist klar wie dicke Tinte.	*È chiaro come il sole.*

Ton m.

1. *suono; tono* [kein FF]

ein schriller Ton	*un suono acuto[FF]*
Herzton	*tono cardiaco*

2. (Mus.) *tono* [kein FF]; *suono*

ein halber Ton	*un semitono*

3. (Film; Radio; TV) *(registrazione del) suono*

4. (Ling.) *accento tonico; tono* [kein FF]

Im Italienischen liegt der Ton oft auf der vorletzten Silbe.	*In italiano l'accento cade spesso sulla penultima sillaba.*

5. *Ton* [kein FF]

Ich kann deinen sarkastischen Ton nicht leiden.	*Non sopporto questo tuo tono sarcastico.*

6. *modi; maniere*

der gute Ton	*il buon tono*

7. *tono* [kein FF]; *tonalità; tinta[FF]*

warme Töne	*toni caldi*

Torte f.

torta [kein FF]

eine Geburtstagstorte	*una torta di compleanno*

tinta f.
1. *Farbe; Lack*

| stendere la prima tinta | die Grundfarbe auftragen |

2. (Lit.) *Tinte* [kein FF]; *Farbe; Ton^FF*

| un dramma a forti tinte | ein spannungsreiches Drama |
| tinte calde | warme Farbtöne |

tono m.
1. *Ton* [kein FF]; *Stimme*

| Abbassa il tono, per favore. | Senke die Stimme bitte. |

2. *Ton* [kein FF]

| Non gli parlare in questo tono. | Du darfst mit ihm nicht in diesem Ton sprechen. |

3. (Med.) *Tonus*
4. (Med.) *gute Verfassung*
5. (Mus.) *Ton* [kein FF]

| Questa chitarra ha un bel tono profondo. | Diese Gitarre hat einen schönen tiefen Ton. |

6. *Art; Weise; Ton* [kein FF]

| Gli parlò in tono confidenziale. | Er sprach zu ihm in einem vertraulichen Ton. |

7. (Ling.) *Ton* [kein FF]

| Il cinese è una lingua a toni. | Das Chinesische ist eine Tonsprache. |

8. (*Farb-)Ton* [kein FF]

torta f.
Kuchen; Torte [kein FF]

| torta salata | pikanter Kuchen; Gemüsetorte |

Trakt m.

1. (Gebäude) *ala (di un edificio);* (Gefängnis) *settore (di una prigione)*

der südliche Trakt des Palastes	*l'ala sud del palazzo*

2. (die Bewohner eines Gebäudetraktes) *(gli) abitanti (di un'ala, di un settore)*

Der gesamte Frauentrakt prote- stierte gegen die neuen strengen Regeln.	*Tutto il settore femminile della prigione protestò contro le nuove severe regole.*

3. (Med.) *tratto* [kein FF]

Darmtrakt	*tratto intestinale*

traktieren V. tr.

1. *coprire (di)*

Er hat sie mit Vorwürfen traktiert.	*L'ha coperta di insulti.*

2. *importunare; infastidire; seccare*

Sie traktierten alle mit ihrem Jammern.	*Seccavano tutti con le loro lamentele.*

3. *battere; picchiare; bastonare*

Er traktierte den armen Hund mit einem Stock.	*Picchiò il povero cane con un bastone.*

4. (Lit.) *trattare* [kein FF]

tratto m.
1. *Strich*

Ha schizzato la chiesa con pochi tratti sicuri.	*Er hat die Kirche mit wenigen sicheren Strichen skizziert.*

2. *Stück; Strecke; Teil; Strich*

Ha fatto un tratto di autostrada, poi ha preso la statale.	*Er ist ein Stück Autobahn gefahren, dann hat er die Staatsstraße genommen.*

3. *Weile*

Ti ho aspettato per un tratto, poi me ne sono andato.	*Ich habe eine Weile auf dich gewartet, dann bin ich weggegangen.*

4. (Pl.) *(Gesichts-)Züge*

tratti marcati	*scharfe Züge*

trattare V. tr. / V. intr. / V. refl.
1. V. tr. *bearbeiten; behandeln;* (auch fig.) *umgehen mit*

Tratta tutti i clienti con grande gentilezza.	*Er behandelt alle Kunden sehr freundlich.*

2. V. tr. (Med.) *behandeln*
3. V. tr. (Wirt.) *führen*

Mi dispiace, ma non trattiamo questo articolo.	*Es tut mir Leid, aber wir führen diesen Artikel nicht.*

4. V. tr. *verhandeln (über); (Geschäfte) abwickeln*

Sta trattando un grosso affare.	*Er verhandelt gerade ein großes Geschäft.*

5. V. tr. (Lit., selten) *traktieren* [kein FF]; *behandeln*
6. V. intr. *handeln mit*

Tratta in alimentari.	*Er handelt mit Lebensmitteln.*

7. V. intr. *handeln von; umgehen mit*

Di che cosa tratta questo libro?	*Wovon handelt dieses Buch?*

8. V. refl. (unpersönlich) *sich handeln (um); gehen (um)*

Trampolin n.
(Sport) *trampolino per compiere salti*

Transparent n. / Adj.
1. Als Substantiv: *striscione*

Die Studenten hatten überall Transparente aufgehängt.	*Gli studenti avevano appeso striscioni dappertutto.*

2. Als Substantiv: *trasparente* [kein FF]
3. Adj. *trasparente* [kein FF]

travestieren V. tr.
1. *parodiare; fare la parodia*
2. (Lit.) *mettere in ridicolo; ridicolizzare*

Tresor m.
1. *cassaforte*

Legen Sie bitte Ihre Wertgegenstände in den Hoteltresor.	*Deponete i Vostri oggetti di valore nella cassaforte dell' hotel, per favore.*

2. (Bank) *camera blindata*

Die Einbrecher hatten den Tresor schon geknackt, als die Polizei sie überraschte.	*Gli scassinatori avevano già scassinato la camera[FF] blindata, quando la polizia li sorprese.*

trampolino m.
1. (Sport) *Sprungbrett; Sprungschanze; Trampolin* [kein FF]
2. (fig.) *Sprungbrett*

trasparente m. / Adj.
1. Als Substantiv: *Transparent* [kein FF]; *Spruchband*
2. Als Substantiv: (Theater) *durchsichtige Leinwand*
3. Als Substantiv: (Film; TV) *Background*
4. Adj. (auch fig.) *durchsichtig; transparent* [kein FF]

Il vetro è un materiale trasparente.	*Glas ist ein durchsichtiges Material.*
Le sue intenzioni non erano del tutto trasparenti.	*Seine Absichten waren nicht ganz durchsichtig.*

travestire V. tr. / V. refl.
1. V. tr. *verkleiden (als); abwandeln*
2. V. refl. *sich verkleiden (als); sich maskieren (als);* (fig.) *sich verwandeln (in)*

tesoro m.
1. *Schatz*
2. *Finanz-; Schatz-; -kasse*

tesoro pubblico[FF]	*Staatskasse*
Ministero del Tesoro	*Finanzministerium*
buoni del tesoro	*Schatzanweisungen*

3. *eine Menge/ein Haufen Geld*
4. *Schatz; Liebling*
5. (Lit.) *Thesaurus*

Tresor

tesoro

trivial Adj. / Adv.

1. *banale; ovvio*

Er hat uns mit trivialen Phrasen[FF] traktiert[FF].	*Ci ha seccato con le sue banali frasi[FF] fatte.*

2. (Math.) *triviale* [kein FF]

eine triviale Lösung	*una soluzione triviale*

3. *comune; ordinario[FF]; solito; quotidiano*

Die trivialen Hausarbeiten waren ihr ein Dorn im Auge.	*I quotidiani lavori di casa erano per lei una spina nel fianco.*

Tube f.

1. *tubetto*

ein Tube Zahnpasta[FF]	*un tubetto di dentifricio*

2. (Anatomie) *tuba; tromba uditiva; tromba d'Eustachio*
3. (Anatomie) *tuba uterina; tromba uterina; tuba di Fallopio*

Typhus m.
(Med). *tifo* [kein FF]

Bei Reisen in tropischen Ländern wird eine Typhusimpfung empfohlen.	*A chi viaggia in paesi tropicali si consiglia di vaccinarsi contro il tifo.*

triviale Adj.
1. *ordinär*[FF]*; vulgär; unflätig; schmutzig*

È davvero una persona triviale.	*Er ist wirklich eine ordinäre*[FF] *Person.*

2. (Math.) *trivial* [kein FF]

tubo m.
1. (Techn.) *Rohr; Röhre; Zylinder; Schlauch*

il tubo dell'acqua	*das Wasserrohr*

2. (Elektrizität) *Röhre*
3. (Anatomie) *Trakt*[FF]

il tubo digerente	*der Verdauungstrakt*[FF]

tifo m.
1. (Med.) *Typhus* [kein FF]
2. (Sport) *Sportbegeisterung;* (negativ konnotiert) *(Fußball-)Fanatismus*

Ventimila spettatori hanno fatto il tifo per la nazionale italiana.	*Zwanzigtausend Zuschauer haben die italienische Nationalmannschaft angefeuert.*

uniformieren V. tr.
1. *far indossare un' uniforme; mettere in divisa*[FF]
2. (Lit., negativ konnotiert) *uniformare* [kein FF]; *unificare*

Mit ihren Jeans und ihren Marken-T-Shirts wirken die jungen Leute wie uniformiert.	*Con i loro jeans e le magliette di marca i giovani danno l'impressione di portare un' uniforme.*

Unikum n.
1. *unicum* [kein FF]

Diese Münze ist ein Unikum.	*Questa moneta è un unicum.*

2. *un caso unico; una rarità*
3. (ugs.) *tipo originale, strambo, bizzarro, stravagante*

Der alte[FF] Wissenschaftler war ein Unikum.	*Il vecchio scienziato era un tipo stravagante.*

4. (ugs.) *buontempone*

Du bist wirklich ein Unikum.	*Sei davvero un buontempone.*

uniformare V. tr. / V. refl.
1. V. tr. *anpassen (an); in Einklang bringen (mit)*
2. V. tr. (Lit.) *uniformieren* [kein FF]; *anpassen; gleichförmig gestalten*

uniformare le tariffe doganali	*die Zolltarife anpassen*

3. V. tr. *gleichmachen; ebnen*
4. V. refl. *sich anpassen (an); sich richten (an)*

unico Adj. / m.
1. Adj. *einzig; Einzel-*

figlio unico	*Einzelkind*

2. Adj. *einzigartig; einmalig*

È stato un concerto unico.	*Es ist ein einmaliges Konzert gewesen.*

3. Adj. *Einzel-; Ein-*

Un atto^{FF} unico di Samuel Beckett.	*Ein Einakter von Samuel Beckett.*

4. Als Substantiv: *Einzige/r*

È l'unico a pensare a noi.	*Er ist der Einzige, der an uns denkt.*

Vakanz f.
1. *vacanza* [kein FF]

Thronvakanz	*vacanza del trono*

2. *posto vacante*

In der Redaktion gibt es momentan eine Vakanz.	*Al momento nella redazione c'è un posto vacante.*

Vase f.
vaso [kein FF]

Sie stellte die Blumen in die Vase.	*Mise i fiori in un vaso.*

Vers m.
1. (Lit.) *verso* [kein FF]

Ungarettis Gedicht „Mattina" besteht aus dem einzigen Vers „Ich erleuchte mich durch Unermessliches".	*La poesia «Mattina» di Ungaretti è formata dal solo verso «Mi illumino d'immenso».*
in Verse bringen	*mettere in versi*

In der Redewendung:

sich keinen Vers aus etw. machen können	*non riuscire a capire una cosa*

2. (Bibel) *versetto*

Samuel konnte fast die ganzen Verse der Genesis auswendig.	*Samuele sapeva a memoria quasi tutti i versetti della Genesi.*

vacanza f.
1. *Vakanz* [kein FF]
2. *Feiertag; frei haben*

Il 3 ottobre in Germania è vacanza.	*Der 3. Oktober ist in Deutschland ein Feiertag.*

3. *Urlaub;* (Pl.) *Ferien*[FF]

Dove sei stato in vacanza?	*Wo bist du in Urlaub gewesen?*

4. (Schule, Pl.) *Sommerferien*

vaso m.
1. *Gefäß* (auch Anatomie); *Topf; Vase* [kein FF]

un vaso di cristallo	*eine Kristallvase*
pianta in vaso	*Topfpflanze*

2. *Glas*

un vaso di marmellata	*ein Glas Marmelade*

verso m.
1. (Lit.) *Vers* [kein FF]
2. (Pl.) *Gedicht*

i versi di Hölderlin	*die Gedichte von Hölderlin*

3. (Zool.) *Weise*
4. (in Bezug auf Tiere) *Laut; Ruf*

il verso del cane	*das Bellen des Hundes*

5. *Seite; Richtung*

Si è messo la maglia per il verso contrario.	*Er hat den Pulli verkehrt herum angezogen.*
nel verso opposto	*in umgekehrter Richtung*

6. *Weg; Möglichkeit*

Non c'è stato verso di convincerlo.	*Es gab keine Möglichkeit, ihn zu überzeugen.*

7. (Stoff oder Pelz) *Strich*

virtuos Adj. / Adv.
magistrale; perfetto; brillante

Die virtuose Leistung des Pianisten begeisterte das Publikum.	*La magistrale prestazione del pianista entusiasmò il pubblico.*

Virtuose m.
(Mus.) *virtuoso* [kein FF]

ein Geigenvirtuose	*un virtuoso del violino*

Visier n.
1. (Mil.) *visiera* [kein FF]
2. *mira*

Der Jäger nahm einen Hasen ins Visier.	*Il cacciatore prese di mira una lepre.*
Sei vorsichtig! Ich habe dich im Visier.	*Sta' attento che ti tengo di mira.*

Vision f.
1. (Rel.) *visione* [kein FF]

die Vision von Bernadette in Lourdes	*la visione di Bernadette a Lourdes*
eine prophetische Vision	*una visione profetica*

2. (Psychologie) *visione* [kein FF]; *allucinazione; sogno*
3. *visione* [kein FF]

die Vision einer besseren Welt	*la visione di un mondo migliore*

virtuoso Adj. / m.
1. Adj. *tugendhaft*

| una donna virtuosa | *eine tugendhafte Frau* |

2. Als Substantiv: *Meister; Virtuose* [kein FF]; *Künstler*
3. Als Substantiv: *tugendhafter Mensch*

visiera f.
1. (hist.) *Visier* [kein FF]
2. (Mütze) *Schirm*

| Per proteggersi dal sole portava un berretto con visiera. | *Um sich vor der Sonne zu schützen, trug er eine Mütze mit Schirm.* |

3. (Auto) *Blendschirm*

visione f.
1. *Sehvermögen*
2. (Rel.) *Vision* [kein FF]; *Erscheinung*
3. (Psychologie) *Vision* [kein FF]; *Trugbild; Halluzination*
4. *Vision* [kein FF]; *Prophezeiung*
5. *Anschauung; Auffassung; Bild*

| Questa è la mia visione del mondo. | *Dies ist meine Weltanschauung.* |

6. *Einsicht*

| prendere visione degli atti[FF] | *Einsicht in die Akten[FF] nehmen* |

7. *Anblick; Szene*[FF]
8. (Film) *Vorführung; Aufführung*

| prima visione | *Erstaufführung* |

Visite f.
1. (Med.) *giro di visite ai malati (al mattino); giro di controllo (dai malati)*

Der Chefarzt macht heute Visite auf der Intensivstation[FF].	*Il primario oggi fa il giro di visite ai malati del reparto di cure intensive.*

2. (Med.) *i medici che compiono il giro di visite ai malati*

vital Adj. / Adv.
1. *vitale* [kein FF]

Er ist vital bis ins hohe Alter geblieben.	*È rimasto vitale fino a tarda età.*

2. (lebenswichtig) *primario[FF]; di importanza vitale; essenziale*

vitale Bedürfnisse	*bisogni primari*

Vitrine f.
1. *teca[FF]*
2. (Glasschrank) *vetrina* [kein FF]

Das Teeservice[FF] ist in der Vitrine.	*Il servizio da tè è nella vetrina.*

visita f.
1. *Besuch*

| Ieri ha ricevuto visite. | *Gestern hat er Besuch bekommen.* |

2. *Besichtigung; Besuch*

| La visita degli Uffizi dura alcune ore. | *Der Besuch der Uffizien dauert einige Stunden.* |

3. (Med.) *Untersuchung; Visite* [kein FF]; *Krankenbesuch*
4. (Verwaltung) *Inspektionsreise*
5. (Verwaltung) *Prüfung; Revision*
6. (Mil. „visita di leva") *Musterung*

vitale Adj.
1. *Lebens-; lebens-*

| forza vitale | *Lebenskraft* |

2. (fig.) *lebensnotwendig; lebenswichtig; vital* [kein FF]
3. (Med.) *lebensfähig*
4. *lebhaft; vital* [kein FF]
5. *unternehmungslustig*

vetrina f.
1. *Schaufenster; Auslage*

| decorare una vetrina | *ein Schaufenster dekorieren* |

2. *Vitrine* [kein FF]; *Glasschrank*

Weste f.

1. *gilè; panciotto*

Die Westen sind wieder im Trend, sowohl für Männer als auch für Frauen.	*I gilè sono di nuovo di moda sia per gli uomini che per le donne.*

2. *giacca di lana; giacca di maglia; golf*[FF]
3. *giubetto; giubotto*

eine Schwimmweste	*un giubotto salvagente*

Weste

veste

veste f.
1. *Kleidung; Kleid; Gewand*

una veste da sposa	*ein Hochzeitskleid*

2. (Pl.) *Kleider;* (ugs.) *Klamotten*
3. *Aufmachung; Ausstattung*

veste editoriale	*Aufmachung des Buches*

4. *Eigenschaft; „als"*

Ti parlo in veste di amico.	*Ich spreche zu dir als Freund.*

zensieren V. tr.
1. (Verwaltung) *censurare*

Während des Faschismus wurde die Presse[FF] zensiert.	*Durante il fascismo la stampa veniva censurata.*

2. (Schule) *classificare; correggere; impartire un voto; impartire un giudizio*

Zirkel m.
1. (Techn.) *compasso[FF]*

Giotto konnte einen perfekten Kreisbogen ohne Zirkel ziehen.	*Giotto sapeva tracciare un cerchio perfetto senza compasso[FF].*

2. *cerchio*
3. *circolo* [kein FF]

ein intellektueller Zirkel	*un circolo intellettuale*

Zisterne f.
cisterna [kein FF]

Auf dem Bauernhof gab es noch eine riesige Wasserzisterne aus dem letzten Jahrhundert.	*Nella fattoria c'era ancora una cisterna per l'acqua che risaliva al secolo passato.*

zitieren V. tr.
1. (Lit.) *citare* [kein FF]
2. *citare* [kein FF]

Viele zitieren Goethe ohne es zu wissen.	*Molti citano Goethe senza saperlo.*

3. (jur.) *citare* [kein FF]; *(far) chiamare a rapporto*

Er wurde vor Gericht zitiert.	*È stato citato in giudizio.*

censire V. tr.
1. (Verwaltung) *zählen*

L'anno prossimo sarà censita la popolazione di lingua tedesca in Italia.	*Nächstes Jahr wird die deutschsprachige Bevölkerung Italiens gezählt.*

2. (Verwaltung) *registrare*[FF]

circolo m.
1. (Math.) *Kreis; Kreis(umfang)*
2. (Geol.) *(Breiten-)Kreis*

circolo polare	*Polarkreis*

3. (Verwaltung) *Kollegium*
4. *Zirkel* [kein FF]; *Kreis; Klub; Verein*

circolo sportivo circolo di amici	*Sportverein Freundeskreis*

5. *Klublokal; Vereinslokal*
6. (Pl.) *Kreise*

i circoli militari	*die militärischen Kreise*

cisterna f.
1. *Zisterne* [kein FF]
2. *Tank*
3. (nach einem Hauptwort) *Tank-*

nave cisterna	*Tankschiff*

citare V. tr.
1. (jur.) *zitieren* [kein FF]; *(vor)laden*
2. (Lit.) *zitieren* [kein FF]
3. *erwähnen; anführen*

Nel suo discorso ha citato anche il tuo nome.	*In seiner Rede hat er auch deinen Namen erwähnt.*

4. *als Beispiel/Vorbild anführen; als Beispiel/Vorbild gelten*

zivil Adj. / Adv.
1. *civile* [kein FF]

Immer mehr Jugendliche ziehen den Zivildienst dem Militärdienst vor.	*Sempre più giovani preferiscono fare il servizio[FF] civile al posto di quello militare.*

2. (jur.) *civile* [kein FF]

Das deutsche Zivilrecht basiert auf dem Römischen Recht.	*Il diritto civile tedesco è fondato sul diritto romano.*

3. *civile* [kein FF]; *borghese*

der zivile Luftverkehr	*l'aviazione civile*
in Zivilkleidung	*in borghese*

4. (in Bezug auf Personen) *affabile; socievole; come si deve*

civile Adj.
1. *bürgerlich; Bürger-*

| i diritti civili | *die bürgerlichen Rechte* |

2. *zivil; Zivil-* [kein FF]; *Laien-; nicht kirchlich*
3. (jur.) *Zivil-* [kein FF]
4. *zivilisiert*

| la società civile | *die zivilisierte Gesellschaft* |

5. *fein; gesittet; kultiviert*

| È una persona civile. | *Er ist ein gesitteter Mensch.* |

6. *zivilisiert; menschenwürdig*

| Anche nelle prigioni ci devono essere condizioni di vita civili. | *Auch in den Gefängnissen müssen menschenwürdige Lebensumstände herrschen.* |

1 Kreuzen Sie das richtige Wort an.

1. Mario è un bambino molto

☐ **a** espansionistico.
☐ **b** espansivo.
☐ **c** espanso.

2. È un cane molto intelligente. Gli manca solo

☐ **a** la voce.
☐ **b** il motto.
☐ **c** la parola.

3. In quel brutto incidente ha rischiato

☐ **a** la pelle.
☐ **b** la buccia.
☐ **c** il cuoio.

4. Il nostro nuovo collega si immischia in tutto, è proprio

☐ **a** penetrante.
☐ **b** invadente.
☐ **c** intenso.

5. Il giudice portava la tradizionale

☐ **a** roba.
☐ **b** toga.
☐ **c** tonaca.

2 In den folgenden Sätzen ist das fett gedruckte Wort ein potenzieller „Falscher Freund". In welchen Sätzen wird es richtig benutzt? Korrigieren Sie die Fehler.

1. Lavora in una grande **firma**.

2. Su quella spiaggia si può prendere il sole senza **costume**.

3. I **criminali** hanno finalmente scoperto il colpevole.

4. È un uomo **patente**.

5. Forse è meglio mettere un po' di **pomata** sulla ferita.

3 Übersetzen Sie folgende Sätze ins Italienische.

1. Er hat die Prüfung mit sehr guten Noten bestanden.

_____

2. In diesem Laden findet man nur die besten Fabrikate.

_____

3. Tausende von Indern verhungern jedes Jahr.

_____

4. Er wohnt in einer luxuriösen Villa.

_____

5. In unserer Kantine isst man gut.

_____

4 Welches Wort ist richtig? Springen Sie zu dem durch die Nummer bezeichneten Feld.

	2. Ti saluto con ... affetto F 24 affezione F 14	**3. Purtroppo no.** Wieder zurück zu Nummer 27.	**4. Molto bene.** Karajan è stato un grande ... dirigente F 28 direttore d'or chestra F 20	**5. Peccato!** Wieder zurück zu Nummer 25.
6. Giusto! Non si può entrare senza ... carta F 26 biglietto F 10	**7. No, no.** Wieder zurück zu Nummer 30.	**8. Benissimo!** È un signore molto ... distinto F 15 coltivato F 29	**9. Errore!** Wieder zurück zu Nummer 22.	**10. Bravo!** Un ... della ditta. collaboratore F 30 collaborazionista F 16
11. Eh no! Wieder zurück zu Nummer 24.	**12. Bene così!** A Carnevale le strade sono piene di ... coriandoli F 8 confetti F 19	**13. Sì, sì.** I documenti sono nella ... mappa F 21 cartella F 6	**14. Sbagliato.** Wieder zurück zu Nummer 2.	**15. Bravissimo!** Fine dell'esercizio.
16. Peccato! Wieder zurück zu Nummer 10.	**17. Perfetto!** Questo interruttore è ... difetto F 23 difettoso F 4	**18. Purtroppo no!** Wieder zurück zu Nummer 20.	**19. Non va bene.** Wieder zurück zu Nummer 12.	**20. Fantastico!** Mi hanno rubato la ... camera F 18 cinepresa F 13
21. Non è giusto. Wieder zurück zu Nummer 13.	**22. D'accordo.** Ha fatto una carriera ... fulminante F 9 strepitosa F 12	**23. Sbagliato!** Wieder zurück zu Nummer 17.	**24. Bravo!** Mario lavora al circo. È ... acrobata F 27 artista F 11	**25. Sì, avanti!** Alla festa c'erano molte ... personalità. prominenti F 5 eminenti F 22
26. Purtroppo no. Wieder zurück zu Nummer 6.	**27. Benissimo!** Lo hanno medicato in ... ambulanza F 3 infermeria F 17	**28. No, no.** Wieder zurück zu Nummer 4.	**29. Errore!** Wieder zurück zu Nummer 8.	**30. Bravo!** Ha perso una fortuna al ... casino F 7 casinò F 25

1 Kreuzen Sie die richtige Übersetzung an.

1. die alten Armaturen

❏ **a** le vecchie armature
❏ **b** la vecchia rubinetteria
❏ **c** le vecchie armate

2. die Palette (eines Malers)

❏ **a** la paletta
❏ **b** la pala
❏ **c** la tavolozza

3. Konkurs erklären

❏ **a** dichiarare fallimento
❏ **b** concorrere
❏ **c** partecipare al concorso

4. eine famose Schauspielerin

❏ **a** una famosa attrice
❏ **b** un'attrice affamata
❏ **c** un'attrice straordinaria

5. Das ist unser Tresor.

❏ **a** Questo è il nostro tesoro.
❏ **b** Questa è la nostra cassaforte.
❏ **c** Questo è il nostro tesoriere.

2 In den folgenden Sätzen ist das fett gedruckte Wort ein potenzieller „Falscher Freund". In welchen Sätzen wird es richtig benutzt? Korrigieren Sie die Fehler.

1. Le scarpe sono in una scatola di **pappa**.

2. Domenica andiamo allo **stadio**.

3. Vieni, ti **spendo** un caffè.

4. Ieri **ho studiato** tutto il giorno.

5. Se **assolve** l'esame suo padre gli fa un bel regalo.

3 Übersetzen Sie folgende Sätze ins Italienische.

1. Die Regale sind voll Staub.

_____

2. Er hat sein Referat über einen Roman von Günter Grass gehalten.

_____

3. Jeder Italiener hat das obligate Handy.

_____

4. Sei nicht so neugierig!

_____

5. Wie viel kostet das Kostüm, das im Schaufenster ist?

_____

4 Übersetzen Sie die folgenden Wörter und setzen Sie sie ein. In den grau unterlegten Kästchen finden Sie die italienische Entsprechung für „Notiz".

1. regieren
2. Patent
3. Promotion
4. Puls
5. Globus
6. Skalpell
7. penibel
8. Tinte
9. brutto
10. Kompass

1 Kreuzen Sie die richtige Übersetzung an.

1. eine konsequente Person

❏ **a** una persona conseguente
❏ **b** una persona che segue
❏ **c** una persona coerente

2. ein rabiater Typ

❏ **a** un tipo arrabbiato
❏ **b** un tipo brutale
❏ **c** un tipo che ha la rabbia

3. eine skurrile Idee

❏ **a** un'idea scurrile
❏ **b** un'idea oscura
❏ **c** una strana idea

4. ein Stipendium

❏ **a** uno stipendio
❏ **b** una paga
❏ **c** una borsa di studio

5. ein guter Statist

❏ **a** una buona comparsa
❏ **b** un buon uomo di stato
❏ **c** un buono statista

2 In den folgenden Sätzen ist das fett gedruckte Wort ein potenzieller „Falscher Freund". In welchen Sätzen wird es richtig benutzt? Korrigieren Sie die Fehler.

1. Ha venduto la sua macchina sportiva ed ha comprato una **berlina**.

2. Abbiamo decorato l'albero di Natale con la **lametta**.

3. Signorina, guardi se abbiamo ancora questo articolo nel **magazzino**.

4. È sempre stato un amico **fedele**.

5. Molti operai sono iscritti al **sindacato**.

3 Übersetzen Sie folgende Sätze ins Italienische.

1. Sie hatte eine Affäre mit einem Kollegen.

_____

2. Er hat den Militärdienst letztes Jahr absolviert.

_____

3. Um fünf Uhr haben wir einen Termin.

_____

4. Der Rock ist ein bisschen eng um die Taille.

_____

5. Er verbringt jede Nacht in der Bar.

_____

4 Übersetzen Sie die folgenden Wörter und setzen Sie sie ein.
In den grau unterlegten Kästchen finden Sie die italienische
Entsprechung für „Skript".

1. Pokal
2. einen Film synchronisieren
3. Verbrechersyndikat
4. freisprechen
5. Befund (Med.)
6. Rückenlehne
7. Geschlecht
8. Sprungbrett
9. Bericht, Reportage
10. Prüfung

1 Kreuzen Sie die richtige Übersetzung an.

1. eine morbide Atmosphäre

☐ **a** un'atmosfera morbida
☐ **b** un'atmosfera morbosa
☐ **c** un'atmosfera moribonda

2. mit hohem Tempo

☐ **a** a gran tempo
☐ **b** con molto tempo
☐ **c** ad alta velocità

3. ein patenter Mann

☐ **a** un uomo con la patente
☐ **b** un uomo in gamba
☐ **c** un uomo paziente

4. ein feudales Bankett

☐ **a** un banchetto principesco
☐ **b** un banchetto feudale
☐ **c** un banchetto medievale

5. eine alte Burg

☐ **a** un vecchio borgo
☐ **b** una vecchia fortezza
☐ **c** una vecchia borgata

2 In den folgenden Sätzen ist das fett gedruckte Wort ein potenzieller „Falscher Freund". In welchen Sätzen wird es richtig benutzt? Korrigieren Sie die Fehler.

1. Porta sempre una **cappa** perché è calvo.

2. Il portiere ha **parato** il rigore con bravura.

3. Il suo comportamento mi ha davvero **imposto**.

4. La notizia è stata divulgata dalla **pressa**.

5. Ha **recitato** molto bene la sua parte.

3   Übersetzen Sie folgende Sätze ins Italienische.

1. Er trägt immer ein altes Sakko.

_____

2. Er ist wegen Diebstahl im Knast gelandet.

_____

3. Sie ist eine gute Partie.

_____

4. Wo befindet sich das Wrack der Titanic?

_____

5. Sie haben sich als Clowns verkleidet.

_____

4   Übersetzen Sie die folgenden Wörter und setzen Sie sie ein.

1. Salut
2. luxuriös
3. Solo
4. Pelle
5. Schal
6. Prospekt
7. Hirte
8. Leser

Test 1

1. (1) b; (2) c; (3) a; (4) b; (5) b

2. (1) Falsch (Richtig = Lavora in una grande ditta.); (2) Richtig; (3) Falsch
   (Richtig = I funzionari di polizia giudiziaria hanno finalmente scoperto il
   colpevole.); (4) Falsch (Richtig = È un uomo in gamba.); (5) Richtig

3. (1) Ha superato l'esame con ottimi voti. (2) In questo negozio si trovano
   solo le migliori marche. (3) Ogni anno migliaia di indiani muoiono di fame.
   (4) Abita in una villa lussuosa. (5) Nella nostra mensa si mangia bene.

Test 2

1. (1) b; (2) c; (3) a; (4) c; (5) b

2. (1) Falsch (Richtig = Le scarpe sono in una scatola di cartone.); (2) Richtig;
   (3) Falsch (Richtig = Vieni, ti offro un caffè.); (4) Richtig; (5) Falsch
   (Richtig = Se supera l'esame suo padre gli fa un bel regalo.)

3. (1) Gli scaffali sono pieni di polvere. (2) Ha tenuto la sua relazione su un
   romanzo di Günter Grass. (3) Ogni italiano ha il suo immancabile
   telefonino. (4) Non essere così curioso. (5) Quanto costa il tailleur che è in
   vetrina?

4.

1.	G	O	V	E	R	N	A	R	E
2.			B	R	E	V	E	T	T	O
3.	L	A	U	R	E	A
4.				P	O	L	S	O
5.	M	A	P	P	A	M	O	N	D	O
6.			B	I	S	T	U	R	I
7.	M	I	N	U	Z	I	O	S	O
8.	I	N	C	H	I	O	S	T	R	O
9.	L	O	R	D	O
10.			B	U	S	S	O	L	A

Test 3

1. (1) c; (2) b; (3) c; (4) c; (5) a

2. (1) Richtig; (2) Falsch (Richtig = Abbiamo decorato l'albero di natale con i fili d'argento.); (3) Richtig; (4) Richtig; (5) Richtig

3. (1) Ha avuto una relazione con un collega. (2) Ha fatto il servizio militare l'anno scorso. (3) Alle cinque abbiamo un appuntamento. (4) La gonna è un po' stretta in vita. (5) Passa tutte le notti al night.

4.

```
 1.  C O P P A
 2.      D O P P I A R E
 3.  R A K E T
 4.  A S S O L V E R E
 5.      R E F E R T O
 6.  S P A L L I E R A
 7.          S E S S O
 8.  T R A M P O L I N O
 9.      C R O N A C A
10.  E S A M E
```

Test 4

1. (1) b; (2) c; (3) b; (4) a; (5) b

2. (1) Falsch (Richtig = Porta sempre un berretto perché è calvo.); (2) Richtig; (3) Falsch (Richtig = Il suo comportamento mi ha davvero impressionato.); (4) Falsch (Richtig = La notizia è stata divulgata dalla stampa.); (5) Richtig

3. (1) Porta sempre una vecchia giacca. (2) È finito in galera per furto. (3) Lei è un buon partito. (4) Dove si trova il relitto del Titanic? (5) Si sono travestiti da clown.

4.

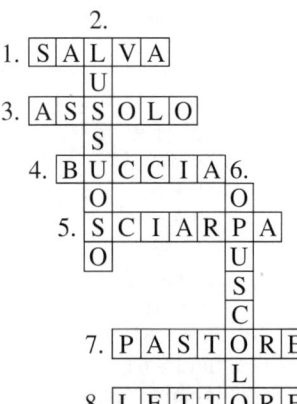

Register der italienischen Wörter

A

aborto 7
accademico 11
accordo 13
accreditare 13
acuto 17
affare 9
affetto 9
agitare 11
albo 17
alimento 17
alt 19
alto 19
amatore 19
ambulante 21
ambulanza 21
annunciare 21
apparato 23
appartamento 23
argomento 23
aria 25
armatura 25
arrabbiato 157
arrangiare 25
arrivare 27
artista 27
asilo 29
aspetto 27
assistere 29
assolvere 7
assortire 195
atto 15
avanzare 31
avvisare 31
azione 15

B

balla 33
ballo 33
banca 35
bancarotta 35
banco 35

banda 33
bar 35
base 37
berlina 37
bestia 37
bianco 39
blitz 39
boccale 135
bolla 41
borgo 41
bravo 39
brutto 41
bullo 41

C

cadavere 75
caldo 75
camera 77
cantina 77
cappa 79
carta 79
casino 81
cassa 81
censire 239
chef 43
circolo 239
cisterna 239
citare 239
civile 241
collaborare 83
collaboratore 83
colonna 83
coltivato 91
compasso 85
composta 85
composto 85
concetto 87
concorso 87
confetto 85
conseguente 87
coraggio 43
corpo 89

corso 93
costume 89
criminale 91
cronaca 43
cronista 43
cura 91
curioso 93

D

decano 45
decente 49
decoro 45
delicatezza 47
denuncia 47
devoto 49
difetto 45
differenza 51
difficile 51
diffuso 51
dirigente 53
disporre 53
divisa 49
dubbioso 53

E

effettivo 55
esame 55
espansivo 55

F

fabbricato 57
famoso 57
fatto 57
fedele 59
ferie 59
feudale 59
film 61
firma 61
fluido 61
fontana 63

frase 131
frattura 63
frazione 63
fulminante 63

G

gabinetto 75
galera 65
giubileo 73
giustizia 73
globo 65
golf 65
golfo 65
gomma 65
imporre 69

I

impotente 69
indiano 71
indice 69
indiscutibile 71
intendente 71
irritare 71

L

lager 95
lametta 95
lazzaretto 95
lega 97
leggero 95
lettore 97
limone 97
lotto 97
lussurioso 99
lustro 99

M

macchina 105
maestro 101
magazzino 101
manifestare 103
manifesto 103

mappa 103
massiccio 105
messa 105
moderazione 107
morbido 107

N

naif 109
netto 109
nonna 111
nota 111
notizia 111

O

obbligato 113
onorare 67
orale 113
ordinario 115
organo 115
orrendo 67
oscuro 113

P

pacchetto 117
pacco 117
paletta 117
pappa 119
parare 119
parato 119
parola 121
partita 121
passaggio 123
passare 125
passo 123
pasta 127
pastore 127
patente 127
pelle 129
penetrante 129
penoso 129
perplesso 131
piazza 133
piazzare 133

piccolo 131
pietà 131
piombo 135
polso 151
polvere 153
pomata 137
pony 137
popolo 135
porto 137
prassi 139
pregnante 137
preparare 139
presa 143
pressa 141
primario 141
principale 141
procuratore 145
profilo 145
prognosi 145
prominente 147
promozione 147
propaganda 147
proprio 149
prospetto 149
proteggere 151
prova 143
pubblico 151
pulire 137
puntuale 153

Q

quartiere 155
quasi 155
querela 155
querelle 155

R

racchetta 157
raffinato 157
ragionare 161
rango 159
rappresentare 169
rasare 159
recitare 173

redigere 161
referto 163
regalo 163
reggere 165
registrare 167
registro 165
relitto 167
requisito 169
residenza 169
ricerca 161
riferire 163
rinnovare 167
rispetto 171
rivedere 171
roba 173
rollare 175
romanza 175
rullare 175
rumoreggiare 177

S
sacco 179
salto 179
salutare 181
saluto 179
sanitario 181
scalpello 189
scena 213
schizzo 189
scialle 181
sciccheria 181
scritto 191
scurrile 191
semplice 189
sensazione 183
sensibile 185
serio 185
serioso 185

servizio 187
sesso 187
sezione 183
sincronizzare 211
sindacato 211
solido 191
solo 193
sorta 193
sorte 193
sortire 195
sostanza 209
sotteraneo 195
sottile 211
sovrano 195
spalliera 197
spelonca 197
spendere 199
spesa 199
spettro 197
spirito 199
stabile 201
stadio 201
stanga 201
statista 205
stazionario 203
stazione 203
stipendio 205
stoffa 205
stormo 209
stretto 205
studiare 207
studio 207
stupido 209

T
taglia 215
tagliato 215
tappeto 217

tasca 217
tatto 217
tavoletta 215
teca 219
tempo 219
termine 219
tesoro 225
tifo 227
tinta 221
tono 221
torta 221
trampolino 225
trasparente 225
trattare 223
tratto 223
travestire 225
triviale 227
tubo 227

U
umore 67
unico 229
uniformare 229

V
vacanza 231
vaso 231
verso 231
veste 237
vetrina 235
virtuoso 233
visiera 233
visione 233
visita 235
vitale 235